PREFACIO

La colección de guías de conversación para viajar "Todo irá bien" publicada por T&P Books está diseñada para personas que viajan al extranjero para turismo y negocios. Las guías contienen lo más importante - los elementos esenciales para una comunicación básica.Éste es un conjunto de frases imprescindibles para "sobrevivir" mientras está en el extranjero.

Esta guía de conversación le ayudará en la mayoría de los casos donde usted necesite pedir algo, conseguir direcciones, saber cuánto cuesta algo, etc. Puede también resolver situaciones difíciles de la comunicación donde los gestos no pueden ayudar.

Este libro contiene una gran cantidad de frases que han sido agrupadas según los temas más relevantes. Esta edición también incluye un pequeño vocabulario que contiene alrededor de 3.000 de las palabras más frecuentemente usadas.Otra sección de la guía proporciona un glosario gastronómico que le puede ayudar a pedir los alimentos en un restaurante o a comprar comestibles en la tienda.

Llévese la guía de conversación "Todo irá bien" en el camino y tendrá una insustituible compañera de viaje que le ayudará a salir de cualquier situación y le enseñará a no temer hablar con extranjeros.

TABLA DE CONTENIDOS

T&P Books Publishing

T&P Books Publishing

GUÍA DE CONVERSACIÓN

DANÉS

Andrey Taranov

LAS PALABRAS Y LAS FRASES MÁS ÚTILES

Esta Guía de Conversación contiene las frases y las preguntas más comunes necesitadas para una comunicación básica con extranjeros

T&P BOOKS

Guía de conversación + diccionario de 3000 palabras

Guía de conversación Español-Danés y vocabulario temático de 3000 palabras

por Andrey Taranov

La colección de guías de conversación para viajar "Todo irá bien" publicada por T&P Books está diseñada para personas que viajan al extranjero para turismo y negocios. Las guías contienen lo más importante - los elementos esenciales para una comunicación básica. Éste es un conjunto de frases imprescindibles para "sobrevivir" mientras está en el extranjero.

Este libro también incluye un pequeño vocabulario temático que contiene alrededor de 3.000 de las palabras más frecuentemente usadas. Otra sección de la guía proporciona un glosario gastronómico que le puede ayudar a pedir los alimentos en un restaurante o a comprar comestibles en la tienda.

T&P Books Publishing
www.tpbooks.com

ISBN: 978-1-78616-907-5

Este libro está disponible en formato electrónico o de E-Book también.
Visite www.tpbooks.com o las librerías electrónicas más destacadas en la Red.

PRONUNCIACIÓN

La letra	Ejemplo danés	T&P alfabeto fonético	Ejemplo español
Aa	Afrika, kompas	[æ], [ɑ], [ɑː]	comentar
Bb	barberblad	[b]	en barco
Cc	cafe, creme	[k]	charco
Cc [1]	koncert	[s]	salva
Dd	direktør	[d]	desierto
Dd [2]	facade	[ð]	alud
Ee	belgier	[e], [ə]	viernes
Ee [3]	elevator	[ɛ]	mes
Ff	familie	[f]	golf
Gg	mango	[g]	jugada
Hh	høne, knurhår	[h]	registro
Ii	kolibri	[i], [iː]	tranquilo
Jj	legetøj	[j]	asiento
Kk	leksikon	[k]	charco
Ll	leopard	[l]	lira
Mm	marmor	[m]	nombre
Nn	natur, navn	[n]	número
ng	omfang	[ŋ]	manga
nk	punktum	[ŋ]	manga
Oo	fortov	[o], [ɔ]	bolsa
Pp	planteolie	[p]	precio
Qq	sequoia	[k]	charco
Rr	seriøs	[ʁ]	R francesa (gutural)
Ss	selskab	[s]	salva
Tt	strøm, trappe	[t]	torre
Uu	blæksprutte	[uː]	jugador
Vv	børnehave	[ʋ]	cerveza
Ww	whisky	[w]	acuerdo
Xx	Luxembourg	[ks]	taxi
Yy	lykke	[y], [ø]	luterano
Zz	Venezuela	[s]	salva
Ææ	ærter	[ɛ], [ɛː]	buceo
Øø	grønsager	[ø], [œ]	malo
Åå	åbent, afgå	[ɔ], [oː]	saludar

Comentarios

[1] delante de **e, i**
[2] después de vocales tónicas
[3] al principio de las palabras

LISTA DE ABREVIATURAS

Abreviatura en español

adj	-	adjetivo
adv	-	adverbio
anim.	-	animado
conj	-	conjunción
etc.	-	etcétera
f	-	sustantivo femenino
f pl	-	femenino plural
fam.	-	uso familiar
fem.	-	femenino
form.	-	uso formal
inanim.	-	inanimado
innum.	-	innumerable
m	-	sustantivo masculino
m pl	-	masculino plural
m, f	-	masculino, femenino
masc.	-	masculino
mat	-	matemáticas
mil.	-	militar
num.	-	numerable
p.ej.	-	por ejemplo
pl	-	plural
pron	-	pronombre
sg	-	singular
v aux	-	verbo auxiliar
vi	-	verbo intransitivo
vi, vt	-	verbo intransitivo, verbo transitivo
vr	-	verbo reflexivo
vt	-	verbo transitivo

Abreviatura en danés

f	-	género neutro
f pl	-	género común plural
i	-	neutro
i pl	-	género neutro plural
i, f	-	neutro, género neutro

| ngn. | - | alguien |
| pl | - | plural |

T&P BOOKS

GUÍA DE CONVERSACIÓN DANÉS

Esta sección contiene frases importantes que pueden resultar útiles en varias situaciones de la vida real. La Guía le ayudará a pedir direcciones, aclaración sobre precio, comprar billetes, y pedir alimentos en un restaurante

T&P Books Publishing

CONTENIDO DE LA GUÍA DE CONVERSACIÓN

T&P Books Publishing

Lo más imprescindible

Perdone, …	**Undskyld, …** ['ɔnˌskyl', …]
Hola.	**Hej.** ['hɑj]
Gracias.	**Tak.** [tɑk]

Sí.	**Ja.** ['jæ]
No.	**Nej.** [nɑj']
No lo sé.	**Jeg ved det ikke.** [jɑj ve de 'ekə]
¿Dónde? | ¿A dónde? | ¿Cuándo?	**Hvor? | Hvorhen? | Hvornår?** ['vɒ'? | 'vɒ'ˌhɛn? | vɒ'nɒ'?]

Necesito …	**Jeg har brug for …** [jɑ hɑ' 'bʁu' fə …]
Quiero …	**Jeg vil …** [jɑj ve …]
¿Tiene …?	**Har du …?** ['hɑ' du …?]
¿Hay … por aquí?	**Er der en … her?** [æɐ̯ 'dɛ'ɐ̯ en … hɛ'ɐ̯?]
¿Puedo …?	**Må jeg …?** [mɔ' jɑ …?]
…, por favor? (petición educada)	**… venligst** [… 'vɛnlist]

Busco …	**Jeg leder efter …** [jɑ 'le:ðə 'ɛftʌ …]
el servicio	**toilet** [toa'lɛt]
un cajero automático	**udbetalingsautomat** [uð'be'tæ'leŋs ɑwto'mæ't]
una farmacia	**apotek** [ɑpo'te'k]
el hospital	**hospital** [hɔspi'tæ'l]

la comisaría	**politistation** [poli'ti sta'ɕo'n]
el metro	**metro** ['me:tʁo]

12

un taxi	**taxi** ['taksi]
la estación de tren	**togstation** ['tɔw sta'ɕoˀn]

Me llamo …	**Mit navn er …** [mit 'nawˀn 'æɐ̯ …]
¿Cómo se llama?	**Hvad er dit navn?** ['vað 'æɐ̯ dit nawˀn?]
¿Puede ayudarme, por favor?	**Kan du hjælpe mig?** ['kan du 'jɛlpə majˀ?]
Tengo un problema.	**Jeg har fået et problem.** [ja haˀ fɔˀ et pʁo'bleˀm]
Me encuentro mal.	**Jeg føler mig dårlig.** [ja 'føːlɐ majˀ 'dɔːli]
¡Llame a una ambulancia!	**Ring efter en ambulance!** ['ʁɛŋə 'ɛftʌ en ambu'laŋsə]
¿Puedo llamar, por favor?	**Må jeg foretage et opkald?** [mɔˀ ja 'fɔːɒ̯ˌtæˀ et 'ʌpkalˀ?]

Lo siento.	**Det er jeg ked af.** [de 'æɐ̯ ja 'keðˀ æˀ]
De nada.	**Selv tak.** [sɛlˀ tak]

Yo	**Jeg, mig** [jaj, maj]
tú	**du** [du]
él	**han** [han]
ella	**hun** [hun]
ellos	**de** [di]
ellas	**de** [di]
nosotros /nosotras/	**vi** [vi]
ustedes, vosotros	**I, De** [I, di]
usted	**De** [di]

ENTRADA	**INDGANG** ['enˌgaŋˀ]
SALIDA	**UDGANG** ['uðˌgaŋˀ]
FUERA DE SERVICIO	**UDE AF DRIFT** ['uːðə æˀ 'dʁɛft]
CERRADO	**LUKKET** ['lɔkəð]

ABIERTO **ÅBEN**
['ɔ:bən]

PARA SEÑORAS **TIL KVINDER**
[te 'kvenʌ]

PARA CABALLEROS **TIL MÆND**
[te 'mɛnˀ]

Preguntas

¿Dónde?	**Hvor?**
	['vɒˀ?]
¿A dónde?	**Hvorhen?**
	['vɒˀ‚hɛn?]
¿De dónde?	**Hvorfra?**
	['vɒˀ‚fʁɑˀ?]
¿Por qué?	**Hvorfor?**
	['vɔfʌ?]
¿Con que razón?	**Af hvilken grund?**
	[æˀ 'velkən 'gʁɒnˀ?]
¿Cuándo?	**Hvornår?**
	[vɒ'nɒˀ?]

¿Cuánto tiempo?	**Hvor længe?**
	[vɒˀ 'lɛŋə?]
¿A qué hora?	**På hvilket tidspunkt?**
	[pɔ 'velkəð 'tiðspɔŋˀt?]
¿Cuánto?	**Hvor meget?**
	[vɒˀ 'mɑɑð?]
¿Tiene ...?	**Har du ...?**
	['hɑˀ du ...?]
¿Dónde está ...?	**Hvor er ...?**
	[vɒˀ 'æɡ̊ ...?]

¿Qué hora es?	**Hvad er klokken?**
	['vað 'æɡ̊ 'klʌkən?]
¿Puedo llamar, por favor?	**Må jeg foretage et opkald?**
	[mɔˀ jɑ 'fɔːɒ‚tæˀ et 'ʌpkalˀ?]
¿Quién es?	**Hvem der?**
	[vɛm 'dɛˀɡ̊?]
¿Se puede fumar aquí?	**Må jeg ryge her?**
	[mɔˀ jɑ 'ʁyːə 'hɛˀɡ̊?]
¿Puedo ...?	**Må jeg ...?**
	[mɔˀ jɑ ...?]

Necesidades

Quisiera …	**Jeg vil gerne …** [jɑj ve 'gæɐ̯nə …]
No quiero …	**Jeg ønsker ikke …** [jɑ 'ønskɐ 'ekə …]
Tengo sed.	**Jeg er tørstig.** ['jɑj 'æɐ̯ 'tœɐ̯sti]
Tengo sueño.	**Jeg ønsker at sove.** [jɑ 'ønskɐ ʌ 'sɒwə]
Quiero …	**Jeg vil …** [jɑj ve …]
lavarme	**at vaske** [ʌ 'vaskə]
cepillarme los dientes	**at børste mine tænder** [ʌ 'bœɐ̯stə 'miːnə 'tɛnʌ]
descansar un momento	**at hvile en stund** [ʌ 'viːlə en 'stonʔ]
cambiarme de ropa	**at klæde mig om** [ʌ 'klɛʔ 'mɑj ʌm]
volver al hotel	**at gå tilbage til hotellet** [ʌ 'gɔʔ teˈbæːjə te hoˈtɛlˈəð]
comprar …	**at købe …** [ʌ 'køːbə …]
ir a …	**at gå til …** [ʌ 'gɔ te …]
visitar …	**at besøge …** [ʌ beˈsøʔjə …]
quedar con …	**at mødes med …** [ʌ 'møːðəs mɛ …]
hacer una llamada	**at foretage et opkald** [ʌ 'fɒːɒˌtæʔ et 'ʌpkalʔ]
Estoy cansado /cansada/.	**Jeg er træt.** ['jɑj 'æɐ̯ 'tʁat]
Estamos cansados /cansadas/.	**Vi er trætte.** ['vi 'æɐ̯ 'tʁatə]
Tengo frío.	**Jeg fryser.** [jɑ 'fʁyːsʌ]
Tengo calor.	**Jeg har det varmt.** [jɑ hɑʔ de 'vɑʔmt]
Estoy bien.	**Jeg er OK.** ['jɑj 'æɐ̯ ɔwˈkɛj]

Tengo que hacer una llamada.	**Jeg har brug for at foretage et opkald.** [ja haˀ 'bʁuˀ fə ʌ 'foːɒˌtæˀ et 'ʌpkalˀ]
Necesito ir al servicio.	**Jeg har brug for at gå på toilettet.** [ja haˀ 'bʁuˀ fə ʌ gɔˀ pɔ toa'lɛət]
Me tengo que ir.	**Jeg er nødt til at gå.** ['jaj 'æɐ̯ nøˀt te ʌ gɔˀ]
Me tengo que ir ahora.	**Jeg er nødt til at gå nu.** ['jaj 'æɐ̯ nøˀt te ʌ gɔˀ nu]

Preguntar por direcciones

Perdone, … | **Undskyld, …**
['ɔnˌskylˀ, …]

¿Dónde está …? | **Hvor er …?**
[vɒˀ 'æɐ̯ …?]

¿Por dónde está …? | **Hvilken vej er …?**
['velkən 'vajˀ 'æɐ̯ …?]

¿Puede ayudarme, por favor? | **Er du sød at hjælpe mig?**
[æɐ̯ du 'søðˀ ʌ 'jɛlpə majˀ?]

Busco … | **Jeg leder efter …**
[ja 'le:ðə 'ɛftʌ …]

Busco la salida. | **Jeg leder efter udgangen.**
[ja 'le:ðə 'ɛftʌ 'uðˌgɑŋən]

Voy a … | **Jeg har tænkt mig at …**
[ja haˀ 'tɛŋkt majˀ ʌ …]

¿Voy bien por aquí para …? | **Går jeg den rigtige vej til …?**
[gɒˀ ja dən 'ʁɛgtiə vajˀ te …?]

¿Está lejos? | **Er det langt væk?**
[æɐ̯ de 'laŋˀt vɛk?]

¿Puedo llegar a pie? | **Kan jeg komme derhen til fods?**
['kanˀ ja 'kʌmə 'dɛˀɐ̯'hɛn te 'foˀðs?]

¿Puede mostrarme en el mapa? | **Kan du vise mig på kortet?**
['kan du 'vi:sə majˀ pɔ 'kɒːtəð?]

Por favor muestreme dónde estamos. | **Vis mig, hvor vi er lige nu.**
['viˀs majˀ, vɒˀ vi 'æɐ̯ 'li:ə nu]

Aquí | **Her**
['hɛˀɐ̯]

Allí | **Der**
[dɛˀɐ̯]

Por aquí | **Denne vej**
['dɛnə vajˀ]

Gire a la derecha. | **Drej til højre.**
[dʁajˀ te 'hʌjʁʌ]

Gire a la izquierda. | **Drej til venstre.**
[dʁajˀ te 'vɛnstʁʌ]

la primera (segunda, tercera) calle | **første (anden, tredje) vej**
['fœɐ̯stə ('anən, 'tʁɛðjə) vajˀ]

a la derecha | **til højre**
[te 'hʌjʁʌ]

a la izquierda	**til venstre** [te ˈvɛnstʁʌ]
Siga recto.	**Gå ligeud.** [ˈgɔˀ ˈliːəˈuðˀ]

Carteles

¡BIENVENIDO!	**VELKOMMEN!** ['vɛlˌkʌmˀən]
ENTRADA	**INDGANG** ['enˌgɑŋˀ]
SALIDA	**UDGANG** ['uðˌgɑŋˀ]
EMPUJAR	**SKUB** [skɔb]
TIRAR	**TRÆK** ['tʁak]
ABIERTO	**ÅBEN** ['ɔːbən]
CERRADO	**LUKKET** ['lɔkəð]
PARA SEÑORAS	**TIL KVINDER** [te 'kvenʌ]
PARA CABALLEROS	**TIL MÆND** [te 'mɛnˀ]
CABALLEROS	**MÆND** [mɛnˀ]
SEÑORAS	**KVINDER** ['kvenʌ]
REBAJAS	**UDSALG** ['uðˌsalˀ]
VENTA	**RESTSALG** ['ʁast ˌsalˀ]
GRATIS	**GRATIS** ['gʁɑːtis]
¡NUEVO!	**NYT!** [nyt]
ATENCIÓN	**OBS!** [ʌbs]
COMPLETO	**ALT OPTAGET** ['alˀt 'ʌpˌtæˀəð]
RESERVADO	**RESERVERET** [ʁɛsæɐ̯'veˀʌð]
ADMINISTRACIÓN	**ADMINISTRATION** [aðministʁɑ'ɕoˀn]
SÓLO PERSONAL AUTORIZADO	**KUN PERSONALE** [kɔn pæɐ̯so'næːlə]

CUIDADO CON EL PERRO	**PAS PÅ HUNDEN!** [pas pɔ 'hunən]
NO FUMAR	**RYGNING FORBUDT!** ['ʁy:neŋ fʌ'byˀd]
NO TOCAR	**RØR IKKE!** ['ʁɶˀɐ̯ 'ekə]
PELIGROSO	**FARLIGT** ['fɑːlit]
PELIGRO	**FARE** ['fɑːɑ]
ALTA TENSIÓN	**STÆRKSTRØM** ['stæɐ̯k 'stʁɶmˀ]
PROHIBIDO BAÑARSE	**SVØMNING FORBUDT!** ['svɶmneŋ fʌ'byˀt]
FUERA DE SERVICIO	**UDE AF DRIFT** ['uːðə æˀ 'dʁɛft]
INFLAMABLE	**BRANDFARLIG** ['bʁɑnˌfɑːli]
PROHIBIDO	**FORBUDT** [fʌ'byˀt]
PROHIBIDO EL PASO	**ADGANG FORBUDT!** ['aðˌgɑŋˀ fʌ'byˀð]
RECIÉN PINTADO	**VÅD MALING** ['vɔˀð 'mæːleŋ]
CERRADO POR RENOVACIÓN	**LUKKET PGA. RENOVERING** ['lɔkəð pɔˀ 'gʁɔnˀ a ʁɛno've̯ˀɐ̯eŋ]
EN OBRAS	**ARBEJDE FORUDE** ['ɑːˌbɑjˀdə 'foːˌuːðə]
DESVÍO	**OMKØRSEL** [ɒmˈkøɐ̯səl]

Transporte. Frases generales

el avión	**fly** [fly͵]
el tren	**tog** ['tɔ͵w]
el bus	**bus** [bus]
el ferry	**færge** ['fæɡwə]
el taxi	**taxi** ['tɑksi]
el coche	**bil** [bi͵l]
el horario	**køreplan** ['køːʌˌplæˀn]
¿Dónde puedo ver el horario?	**Hvor kan jeg se køreplanen?** [vɒˀ kan ja seˀ 'køːʌˌplæˀnən?]
días laborables	**hverdage** ['væɡˌdæˀə]
fines de semana	**weekender** ['wiːˌkɛndʌ]
días festivos	**helligdage** ['hɛliˌdæˀə]
SALIDA	**AFGANG** ['ɑwˌgɑŋˀ]
LLEGADA	**ANKOMST** ['anˌkʌmˀst]
RETRASADO	**FORSINKET** [fəˈseŋˀkəð]
CANCELADO	**AFLYST** ['ɑwˌlyˀst]
siguiente (tren, etc.)	**næste** ['nɛstə]
primero	**første** ['fœɡstə]
último	**sidste** ['sistə]
¿Cuándo pasa el siguiente …?	**Hvornår er den næste …?** [vɒˈnɒˀ 'æɡ dən 'nɛstə …?]
¿Cuándo pasa el primer …?	**Hvornår er den første …?** [vɒˈnɒˀ 'æɡ dən 'fœɡstə …?]

¿Cuándo pasa el último …?

Hvornår er den sidste …?
[vɒˈnɒˀ ˈæɡ̊ dən ˈsistə …?]

el trasbordo (cambio de trenes, etc.)

skift
[ˈskift]

hacer un trasbordo

at skifte
[ʌ ˈskiftə]

¿Tengo que hacer un trasbordo?

Behøver jeg at skifte?
[beˈhøˀvə ˈjɑj ʌ ˈskiftə?]

Comprar billetes

¿Dónde puedo comprar un billete?	**Hvor kan jeg købe billetter?** [vɒˀ kan ja 'køːbə bi'lɛtʌ?]
el billete	**billet** [bi'lɛt]
comprar un billete	**at købe en billet** [ʌ 'køːbə en bi'lɛt]
precio del billete	**billetpris** [bi'lɛtˌpʁiˀs]
¿Para dónde?	**Hvorhen?** ['vɒˀˌhɛn?]
¿A qué estación?	**Til hvilken station?** [te 'velkən sta'ɕoˀn?]
Necesito …	**Jeg har brug for …** [ja hɑˀ 'bʁuˀ fə …]
un billete	**én billet** [en bi'lɛt]
dos billetes	**to billetter** [toˀ bi'lɛtʌ]
tres billetes	**tre billetter** ['tʁɛˀ bi'lɛtʌ]
sólo ida	**enkelt** ['ɛŋˀkəlt]
ida y vuelta	**retur** [ʁɛ'tuɐ̯ˀ]
en primera (primera clase)	**første klasse** ['fœɐ̯stə 'klasə]
en segunda (segunda clase)	**anden klasse** ['anən 'klasə]
hoy	**i dag** [i 'dæˀ]
mañana	**i morgen** [i 'mɒːɒn]
pasado mañana	**i overmorgen** [i 'ɒwʌˌmɒːɒn]
por la mañana	**om morgenen** [ʌm 'mɒːɒnən]
por la tarde	**om eftermiddagen** [ʌm 'ɛftʌmeˌdæˀən]
por la noche	**om aftenen** [ʌm 'ɑftənən]

asiento de pasillo

gangplads
['gɑŋplas]

asiento de ventanilla

vinduesplads
['vendus 'plas]

¿Cuánto cuesta?

Hvor meget?
[vɒˀ 'maɑð?]

¿Puedo pagar con tarjeta?

Kan jeg betale med kreditkort?
['kanˀ jɑ beˈtæˀlə mɛ kʁɛˈdit kɒːt?]

Autobús

el autobús	**bus** [bus]
el autobús interurbano	**rutebil** ['ʁu:tə‚biˀl]
la parada de autobús	**busstoppested** ['bus‚stopəstɛð]
¿Dónde está la parada de autobuses más cercana?	**Hvor er det nærmeste busstoppested?** [vɒˀ 'æɐ̯ de 'næɐ̯məstə 'bus‚stopəstɛð?]

número	**nummer** ['nɔmˀɐ]
¿Qué autobús tengo que tomar para …?	**Hvilken bus skal jeg tage for at komme til …?** ['velkən bus skalˀ jɑ 'tæˀə fə ʌ 'kʌmə te …?]
¿Este autobús va a …?	**Kører denne bus til …?** ['køːɐ̯ 'dɛnə bus te …?]
¿Cada cuanto pasa el autobús?	**Hvor hyppigt kører busserne?** [vɒˀ 'hypit 'køːɐ̯ 'busɐ̞nə?]

cada 15 minutos	**hvert kvarter** ['vɛˀɐ̯t kvɑ'teˀɐ̯]
cada media hora	**hver halve time** ['vɛɐ̯ halˀvə 'tiːmə]
cada hora	**hver time** ['vɛɐ̯ 'tiːmə]
varias veces al día	**flere gange om dagen** ['fleːʌ 'gɑŋə ʌm 'dæˀən]
… veces al día	**… gange om dagen** [… 'gɑŋə ʌm 'dæˀən]

el horario	**køreplan** ['køːʌ‚plæˀn]
¿Dónde puedo ver el horario?	**Hvor kan jeg se køreplanen?** [vɒˀ kan jɑ seˀ 'køːʌ‚plæˀnən?]
¿Cuándo pasa el siguiente autobús?	**Hvornår kører den næste bus?** [vɒˀnɒˀ 'køːɐ̯ dən 'nɛstə bus?]
¿Cuándo pasa el primer autobús?	**Hvornår kører den første bus?** [vɒˀnɒˀ 'køːɐ̯ dən 'fœɐ̯stə bus?]
¿Cuándo pasa el último autobús?	**Hvornår kører den sidste bus?** [vɒˀnɒˀ 'køːɐ̯ dən 'sistə bus?]
la parada	**stop** ['stʌp]

la siguiente parada

næste stop
['nɛstə 'stʌp]

la última parada

sidste stop
['sistə 'stʌp]

Pare aquí, por favor.

Stop her, tak.
['stʌp 'hɛ'ɐ̯, tɑk]

Perdone, esta es mi parada.

Undskyld, det er mit stop.
['ɔnˌskylˀ, de 'æɐ̯ mit 'stʌp]

Tren

el tren	**tog** ['tɔˀw]
el tren de cercanías	**regionaltog** [ʁɛgjoˈnæˀl tɔˀw]
el tren de larga distancia	**intercitytog** [entʌˈsiti tɔˀw]
la estación de tren	**togstation** ['tɔw staˈɕoˀn]
Perdone, ¿dónde está la salida al anden?	**Undskyld, hvor er udgangen til perronen?** ['ɔnˌskylˀ, vɒˀ 'æɡ̊ 'uðˌgaŋən te paˈʁʌŋən?]
¿Este tren va a ...?	**Kører dette tog til ...?** ['køːɡ̊ 'dɛtə tɔˀw te ...?]
el siguiente tren	**næste tog** ['nɛstə 'tɔˀw]
¿Cuándo pasa el siguiente tren?	**Hvornår afgår det næste tog?** [vɒˈnɒˀ 'awˌgɒˀ de 'nɛstə tɔˀw?]
¿Dónde puedo ver el horario?	**Hvor kan jeg se køreplanen?** [vɒˀ kan ja seˀ 'køːʌˌplæˀnən?]
¿De qué andén?	**Fra hvilken perron?** [ˌfʁaˀ 'vɛlkən paˈʁʌŋ?]
¿Cuándo llega el tren a ...?	**Hvornår ankommer toget til ...?** [vɒˈnɒˀ 'anˌkʌmʌ 'tɔˀwəð te ...?]
Ayudeme, por favor.	**Vær sød at hjælpe mig.** ['vɛɡ̊ˀ 'søðˀ ʌ 'jɛlpə maj]
Busco mi asiento.	**Jeg leder efter min plads.** [ja 'leːðə 'ɛftʌ min plas]
Buscamos nuestros asientos.	**Vi leder efter vores pladser.** ['vi 'leːðə 'ɛftʌ 'vɒɒs 'plasʌ]
Mi asiento está ocupado.	**Min plads er taget.** [min 'plas 'æɡ̊ 'tæəð]
Nuestros asientos están ocupados.	**Vore pladser er taget.** ['vɒːɒ 'plasʌ 'æɡ̊ 'tæəð]
Perdone, pero ese es mi asiento.	**Jeg beklager, men dette er min plads.** [ja beˈklæˀjə, mɛn 'dɛtə 'æɡ̊ min 'plas]
¿Está libre?	**Er denne plads taget?** [æɡ̊ 'dɛnə plas 'tæəð?]
¿Puedo sentarme aquí?	**Må jeg sidde her?** [mɔˀ ja 'seðə 'hɛˀɡ̊?]

En el tren. Diálogo (Sin billete)

Su billete, por favor.

Billet, tak.
[bi'lɛt, tɑk]

No tengo billete.

Jeg har ikke nogen billet.
[jɑ hɑ' 'ekə 'noən bi'lɛt]

He perdido mi billete.

Jeg har mistet min billet.
[jɑ hɑ' 'mestəð min bi'lɛt]

He olvidado mi billete en casa.

Jeg har glemt min billet derhjemme.
[jɑ hɑ' 'glɛmt min bi'lɛt dɑ'jɛmə]

Le puedo vender un billete.

Du kan købe en billet af mig.
[du kan 'køːbə en bi'lɛt æ' mɑj]

También deberá pagar una multa.

**Du bliver også nødt
til at betale en bøde.**
[du 'bliɐ̯' 'ʌsə nø'̯t
te ʌ be'tæ'lə en 'bøːðə]

Vale.

OK.
[ɔw'kɛj]

¿A dónde va usted?

Hvor skal du hen?
[vɒ' skal' du hɛn?]

Voy a ...

Jeg har tænkt mig at ...
[jɑ hɑ' 'tɛŋkt mɑj ʌ ...]

¿Cuánto es? No lo entiendo.

Hvor meget? Jeg forstår det ikke.
[vɒ' 'mɑɑð? jɑ fə'stɒ̯ de 'ekə]

Escríbalo, por favor.

Skriv det ned, tak.
['skʁiw' de neð', tɑk]

Vale. ¿Puedo pagar con tarjeta?

OK. Kan jeg betale med kreditkort?
[ɔw'kɛj. kan jɑ be'tæ'lə mɛ kʁɛ'dit kɒːt?]

Sí, puede.

Ja, det kan du godt.
['jæ, de kan du 'gʌt]

Aquí está su recibo.

Her er din kvittering.
['hɛ'ɐ̯ 'æg̯ din kvi'te'g̯eŋ]

Disculpe por la multa.

Undskyld bøden.
['ɔn̩skyl' 'bøːðən]

No pasa nada. Fue culpa mía.

Det er OK. Det var min skyld.
[de 'æg̯ ɔw'kɛj. de vɑ min skyl']

Disfrute su viaje.

Nyd turen.
[nyð 'tuɐ̯'n]

Taxi

taxi	**taxi** ['tɑksi]
taxista	**taxichauffør** ['tɑksi ɕo'fø'ɐ̯]
coger un taxi	**at få fat i en taxi** [ʌ fɔ' fat i en 'tɑksi]
parada de taxis	**taxiholdeplads** ['tɑksi 'hʌlə‚plas]
¿Dónde puedo coger un taxi?	**Hvor kan jeg finde en taxi?** [vɒ' kan jaj 'fenə en 'tɑksi?]
llamar a un taxi	**at ringe efter en taxi** [ʌ 'ʁɛŋə 'ɛftʌ en 'tɑksi]
Necesito un taxi.	**Jeg har brug for en taxi.** [ja hɑ' 'bʁu' fə en 'tɑksi]
Ahora mismo.	**Lige nu.** ['liːə 'nu]
¿Cuál es su dirección?	**Hvad er din adresse?** ['vað 'æɐ̯ din a'dʁasə?]
Mi dirección es …	**Min adresse er …** [min a'dʁasə 'æɐ̯ …]
¿Cuál es el destino?	**Hvor skal du hen?** [vɒ' skal' du hɛn?]
Perdone, …	**Undskyld, …** ['ɔn‚skyl', …]
¿Está libre?	**Er du ledig?** [æɐ̯ du 'leːði?]
¿Cuánto cuesta ir a …?	**Hvor meget koster det at komme til …?** [vɒ' 'maɑð 'kʌstɐ de ʌ 'kʌmə te …?]
¿Sabe usted dónde está?	**Ved du, hvor det er?** [ve du, vɒ' de 'æɐ̯?]
Al aeropuerto, por favor.	**Lufthavnen, tak.** ['lɔft‚haw'nən, tɑk]
Pare aquí, por favor.	**Stop her, tak.** ['stʌp 'hɛ'ɐ̯, tɑk]
No es aquí.	**Det er ikke her.** [de 'æɐ̯ 'ekə 'hɛ'ɐ̯]
La dirección no es correcta.	**Det er den forkerte adresse.** [de 'æɐ̯ dən fə'keɐ̯'tə a'dʁasə]

Gire a la izquierda.

Drej til venstre.
[dʁɑjˀ te ˈvɛnstʁʌ]

Gire a la derecha.

Drej til højre.
[dʁɑjˀ te ˈhʌjʁʌ]

¿Cuánto le debo?

Hvor meget skylder jeg dig?
[vɒˀ ˈmɑɑð ˈskylə jɑ dɑjˀ]

¿Me da un recibo, por favor?

Jeg vil gerne have en kvittering, tak.
[jɑj ve ˈgæɐ̯nə hæˀ en kviˈteˀɐ̯eŋ, tɑk]

Quédese con el cambio.

Behold resten.
[beˈhʌlˀ ˈʁastən]

Espéreme, por favor.

Vil du venligst vente på mig?
[ˈve du ˈvɛnlist ˈvɛntə pɔ mɑjˀ]

cinco minutos

fem minutter
[fɛmˀ meˈnutʌ]

diez minutos

ti minutter
[ˈtiˀ meˈnutʌ]

quince minutos

femten minutter
[ˈfɛmtən meˈnutʌ]

veinte minutos

tyve minutter
[ˈtyːvə meˈnutʌ]

media hora

en halv time
[en ˈhalˀ ˈtiːmə]

Hotel

Hola.	**Hej.** ['hɑj]
Me llamo …	**Mit navn er …** [mit 'nɑwˀn 'æɐ̯ …]
Tengo una reserva.	**Jeg har en reservation.** [jɑ hɑˀ en ʁɛsæɐ̯va'ɕoˀn]
Necesito …	**Jeg har brug for …** [jɑ hɑˀ 'bʁu' fə …]
una habitación individual	**et enkeltværelse** [et 'ɛŋˀkəlt̩ˌvæɐ̯ʌlsə]
una habitación doble	**et dobbeltværelse** [et 'dʌbəlt 'væɐ̯ʌlsə]
¿Cuánto cuesta?	**Hvor meget bliver det?** [vɒˀ 'mɑɑð 'bliɐ̯ˀ de?]
Es un poco caro.	**Det er lidt dyrt.** [de 'æɐ̯ lit 'dyɐ̯ˀt]
¿Tiene alguna más?	**Har du nogen andre muligheder?** ['hɑˀ du 'noən 'ɑndʁʌ 'muːliˌheðˀʌ?]
Me quedo.	**Det tager jeg.** [de 'tæˀɐ̯ jɑj]
Pagaré en efectivo.	**Jeg betaler kontant.** [jɑ be'tæˀlʌ kɔn'tanˀt]
Tengo un problema.	**Jeg har fået et problem.** [jɑ hɑˀ fɔˀ et pʁo'bleˀm]
Mi … no funciona.	**Mit … er gået i stykker.** [mit … 'æɐ̯ 'gɔːəð 'støkʌ]
Mi … está fuera de servicio.	**Mit … virker ikke.** [mit … 'viɐ̯kʌ 'ekə]
televisión	**TV** ['teˀˌveˀ]
aire acondicionado	**klimaanlæg** ['kliːma'anˌlɛˀg]
grifo	**hane** ['hæːnə]
ducha	**bruser** ['bʁuːsʌ]
lavabo	**vask** ['vask]
caja fuerte	**pengeskab** ['pɛŋəˌskæˀb]

cerradura	**dørlås** ['dœɐlɔˀs]
enchufe	**stikkontakt** ['stek kɔn'tɑkt]
secador de pelo	**hårtørrer** ['hɒːˌtœɐʌ]

No tengo …	**Jeg har ikke nogen …** [jɑ hɑˀ 'ekə 'noən …]
agua	**vand** ['vanˀ]
luz	**lys** ['lyˀs]
electricidad	**elektricitet** [elɛktʁisi'teˀt]

¿Me puede dar …?	**Kan du give mig …?** ['kan du giˀ mɑj …?]
una toalla	**et håndklæde** [ed 'hʌnˌklɛːðə]
una sábana	**et tæppe** [ed 'tɛpə]
unas chanclas	**hjemmesko** ['jɛməˌskoˀ]
un albornoz	**en kåbe** [en 'kɔːbə]
un champú	**shampoo** ['ɕæːmˌpuː]
jabón	**sæbe** ['sɛːbə]

Quisiera cambiar de habitación.	**Jeg vil gerne skifte værelse.** [jɑj ve 'gæɐnə 'skiftə 'væɐʌlsə]
No puedo encontrar mi llave.	**Jeg kan ikke finde min nøgle.** [jɑ kan 'ekə 'fenə min 'nʌjlə]
Por favor abra mi habitación.	**Kunne du låse op til mit værelse?** ['kunə du 'lɔːsə ʌp te mit 'væɐʌlsə?]
¿Quién es?	**Hvem der?** [vɛm 'dɛˀɐ?]
¡Entre!	**Kom ind!** [kʌmˀ enˀ]
¡Un momento!	**Et øjeblik!** [ed 'ʌjə'blek]
Ahora no, por favor.	**Ikke lige nu, tak.** ['ekə 'liːə nu, tɑk]

Venga a mi habitación, por favor.	**Kom til mit værelse, tak.** [kʌmˀ te mit 'væɐʌlsə, tɑk]
Quisiera hacer un pedido.	**Jeg vil gerne bestille roomservice.** [jɑj ve 'gæɐnə be'stelˀə 'ʁuːmˌsœːvis]
Mi número de habitación es …	**Mit værelsesnummer er …** [mit 'væɐʌlsə'nɔmˀʌ 'æɐ …]

Me voy …	**Jeg forlader …** [jɑ fə'læˀðə …]
Nos vamos …	**Vi forlader …** ['vi fə'læˀðə …]
Ahora mismo	**lige nu** ['liːə 'nu]
esta tarde	**i eftermiddag** [I 'ɛftʌmeˌdæˀ]
esta noche	**i aften** [i 'ɑftən]
mañana	**i morgen** [i 'mɒːɒn]
mañana por la mañana	**i morgen tidlig** [i 'mɒːɒn 'tiðli]
mañana por la noche	**i morgen aften** [i 'mɒːɒn 'ɑftən]
pasado mañana	**i overmorgen** [i 'ɒwʌˌmɒːɒn]

Quisiera pagar la cuenta.	**Jeg vil gerne betale.** [jɑj ve 'gæɛnə be'tæˀlə]
Todo ha estado estupendo.	**Alt var vidunderligt.** ['alˀt vɑ við'ɔnˀʌlit]
¿Dónde puedo coger un taxi?	**Hvor kan jeg finde en taxi?** [vɒˀ kan jɑj 'fenə en 'tɑksi?]
¿Puede llamarme un taxi, por favor?	**Vil du ringe efter en taxi for mig, tak?** ['ve du 'ʁɛŋə 'ɛftʌ en 'tɑksi fə mɑj, tɑk?]

Restaurante

¿Puedo ver el menú, por favor?	**Kan jeg se menuen?** ['kan' jɑ se' me'nyən?]
Mesa para uno.	**Bord til én.** ['bo'ɐ̯ te 'en]
Somos dos (tres, cuatro).	**Vi er to (tre, fire).** [vi 'æɐ̯ to' ('tʁɛ', 'fi'ʌ)]
Para fumadores	**Rygning** ['ʁy:neŋ]
Para no fumadores	**Rygning forbudt** ['ʁy:neŋ fʌ'by'd]
¡Por favor! (llamar al camarero)	**Undskyld!** ['ɔnˌskyl']
la carta	**menu** [me'ny]
la carta de vinos	**vinkort** ['vi:nˌkɒ:t]
La carta, por favor.	**Menuen, tak.** [me'nyən, tɑk]
¿Está listo para pedir?	**Er du klar til at bestille?** [æɐ̯ du klɑ' te ʌ be'stel'ə?]
¿Qué quieren pedir?	**Hvad vil du have?** ['vað ve du hæ'?]
Yo quiero …	**Jeg vil gerne have …** [jɑj ve 'gæɐ̯nə hæ' …]
Soy vegetariano.	**Jeg er vegetar.** ['jɑj 'æɐ̯ vegə'tɑ']
carne	**kød** ['køð]
pescado	**fisk** ['fesk]
verduras	**grøntsager** ['gʁœntˌsæ'jʌ]
¿Tiene platos para vegetarianos?	**Har du vegetarretter?** ['hɑ' du vegə'tɑ'ʁatə?]
No como cerdo.	**Jeg spiser ikke svinekød.** [jɑ 'spi:sɐ 'ekə 'svi:nə'køð]
Él /Ella/ no come carne.	**Han /hun/ spiser ikke kød.** [han /hun/ 'spi:sɐ 'ekə 'køð]
Soy alérgico a …	**Jeg er allergisk over for …** ['jɑj 'æɐ̯ a'læɐ̯'gisk 'ɒw'ʌ fə …]

¿Me puede traer …, por favor?

Er du sød at give mig …
[æɐ̯ du 'søð' ʌ 'gi' maj …]

sal | pimienta | azúcar

salt | peber | sukker
['sal'ⁿt | 'pewʌ | 'sɔkʌ]

café | té | postre

kaffe | te | dessert
['kɑfə | te' | de'sɛɐ̯'t]

agua | con gas | sin gas

vand | med brus | uden brus
['van' | mɛ 'bʁu's | 'uðən 'bʁu's]

una cuchara | un tenedor | un cuchillo

en ske | gaffel | kniv
[en ske' | 'gɑfəl | 'kniw']

un plato | una servilleta

en tallerken | serviet
[en ta'læɐ̯kən | sæɐ̯vi'ɛt]

¡Buen provecho!

Nyd dit måltid!
[nyð dit 'mʌlˌtið']

Uno más, por favor.

En til, tak.
[en te, tak]

Estaba delicioso.

Det var meget lækkert.
[de vɑ 'mɑɑð 'lɛkʌt]

---

la cuenta | el cambio | la propina

regningen | byttepenge | drikkepenge
['ʁajneŋən | 'bytəˌpɛŋə | 'dʁɛkəˌpɛŋə]

La cuenta, por favor.

Regningen, tak.
['ʁajneŋən, tak]

¿Puedo pagar con tarjeta?

Kan jeg betale med kreditkort?
['kan' jɑ be'tæ'lə mɛ kʁɛ'dit kɒ:t?]

Perdone, aquí hay un error.

Undskyld, men der er en fejl her.
['ɔnˌskyl', mɛn 'dɛ'ɐ̯ 'æɐ̯ en 'faj'l 'hɛ'ɐ̯]

De Compras

¿Puedo ayudarle?	**Kan jeg hjælpe?** ['kanˀ ja 'jɛlpə?]
¿Tiene …?	**Har du …?** ['haˀ du …?]
Busco …	**Jeg leder efter …** [ja 'le:ðə 'ɛftʌ …]
Necesito …	**Jeg har brug for …** [ja haˀ 'bʁuˀ fə …]
Sólo estoy mirando.	**Jeg kigger bare.** [ja 'kigʌ 'ba:a]
Sólo estamos mirando.	**Vi kiggede bare.** ['vi 'kigəðə 'ba:a]
Volveré más tarde.	**Jeg kommer tilbage senere.** [ja 'kʌmʌ te'bæ:jə 'seˀnʌʌ]
Volveremos más tarde.	**Vi kommer tilbage senere.** ['vi 'kʌmʌ te'bæ:jə 'seˀnʌʌ]
descuentos | oferta	**rabatter | udsalg** [ʁa'batʌ | 'uðˌsalˀ]
Por favor, enséñeme …	**Vil du være sød at vise mig …** ['ve du 'vɛɐˀ søðˀ ʌ 'vi:sə maj …]
¿Me puede dar …, por favor?	**Vil du give mig …** ['ve du giˀ maj …]
¿Puedo probarmelo?	**Kan jeg prøve det på?** ['kanˀ ja 'pʁœːwə de pɔˀ?]
Perdone, ¿dónde están los probadores?	**Undskyld, hvor er prøverummet?** ['ɔnˌskylˀ, vɒˀ 'æɐ̯ 'pʁœːwə 'ʁɔməð?]
¿Qué color le gustaría?	**Hvilken farve vil du have?** ['velkən 'fa:və ve du hæˀ?]
la talla | el largo	**størrelse | længde** ['stœɐ̯ʌlsə | 'lɛŋˀdə]
¿Cómo le queda? (¿Está bien?)	**Hvordan passer det?** [vɒ'dan 'pasʌ de?]
¿Cuánto cuesta esto?	**Hvor meget bliver det?** [vɒˀ 'maɑð 'bliɐ̯ˀ de?]
Es muy caro.	**Det er for dyrt.** [de 'æɐ̯ fə 'dyɐ̯ˀt]
Me lo llevo.	**Det tager jeg.** [de 'tæˀɐ̯ jaj]
Perdone, ¿dónde está la caja?	**Undskyld, hvor kan jeg betale?** ['ɔnˌskylˀ, vɒˀ kanˀ ja be'tæˀlə?]

¿Pagará en efectivo o con tarjeta?	**Vil du betale kontant eller med kreditkort?** ['ve du be'tæ'lə kɔn'tan't mɛ kʁɛ'dit kɒ:t?]
en efectivo | con tarjeta	**Kontant | med kreditkort** [kɔn'tan't | mɛ kʁɛ'dit kɒ:t]

¿Quiere el recibo?	**Vil du have kvitteringen?** ['ve du hæ' kvi'te'ɡeŋən?]
Sí, por favor.	**Ja, tak.** ['jæ, tɑk]
No, gracias.	**Nej, det er OK.** [nɑj', de 'æɡ ɔw'kɛj]
Gracias. ¡Que tenga un buen día!	**Tak. Hav en dejlig dag!** [tɑk. 'hɑ' en 'dɑjli 'dæ']

En la ciudad

Perdone, por favor.	**Undskyld mig.** ['ɔnˌskylʔ maj]
Busco …	**Jeg leder efter …** [ja 'le:ðə 'ɛftʌ …]
el metro	**metroen** ['me:tʁoən]
mi hotel	**mit hotel** [mit ho'tɛlʔ]
el cine	**biografen** [bio'gʁaʔfən]
una parada de taxis	**en taxiholdeplads** [en 'taksi 'hʌləˌplas]
un cajero automático	**en udbetalingsautomat** [en uðʔbe'tæʔleŋs awto'mæʔt]
una oficina de cambio	**et vekselkontor** [et 'vɛksəl kɔn'toʔɐ̯]
un cibercafé	**en internetcafé** [en 'entʌˌnɛt ka'feʔ]
la calle …	**… gade** [… 'gæ:ðə]
este lugar	**dette sted** ['dɛtə 'stɛð]
¿Sabe usted dónde está …?	**Ved du, hvor … er?** [ve du, vɒʔ … 'æɐ̯?]
¿Cómo se llama esta calle?	**Hvilken gade er dette?** ['velkən 'gæ:ðə 'æɐ̯ 'dɛtə?]
Muestreme dónde estamos ahora.	**Vis mig, hvor vi er lige nu.** ['vi:s maj, vɒʔ vi 'æɐ̯ 'li:ə nu]
¿Puedo llegar a pie?	**Kan jeg komme derhen til fods?** ['kanʔ ja 'kʌmə 'dɛʔɐ̯'hɛn te 'fo'ðs?]
¿Tiene un mapa de la ciudad?	**Har du et kort over byen?** ['haʔ du et 'kɒ:t 'ɒwʔʌ 'byən?]
¿Cuánto cuesta la entrada?	**Hvor meget koster en billet for at komme ind?** [vɒʔ 'maɒð 'kʌstɐ en bi'lɛt fə ʌ 'kʌmə 'enʔ?]
¿Se pueden hacer fotos aquí?	**Må jeg tage billeder her?** [mɔʔ ja tæʔ 'beləðʌ 'hɛʔɐ̯?]
¿Está abierto?	**Har du åbent?** ['haʔ du 'ɔ:bənt?]

¿A qué hora abren?

Hvornår åbner du?
[vɒ'nɒ' 'ɔːbnʌ du?]

¿A qué hora cierran?

Hvornår lukker du?
[vɒ'nɒ' 'lɔkɐ du?]

Dinero

dinero	**penge** [ˈpɛŋə]
efectivo	**kontanter** [kɔnˈtanˀtʌ]
billetes	**sedler** [ˈsɛðˀlʌ]
monedas	**småmønter** [ˌsmʌˈmønˀtʌ]
la cuenta | el cambio | la propina	**regningen | byttepenge | drikkepenge** [ˈʁɑjneŋən | ˈbytəˌpɛŋə | ˈdʁɛkəˌpɛŋə]
la tarjeta de crédito	**kreditkort** [kʁɛˈdit kɔːt]
la cartera	**tegnebog** [ˈtɑjnəbɔˀw]
comprar	**at købe** [ʌ ˈkøːbə]
pagar	**at betale** [ʌ beˈtæˀlə]
la multa	**bøde** [ˈbøːðə]
gratis	**gratis** [ˈgʁɑːtis]
¿Dónde puedo comprar …?	**Hvor kan jeg købe …?** [vɒˀ kan jɑ ˈkøːbə …?]
¿Está el banco abierto ahora?	**Har banken åbent nu?** [ˈhaˀ ˈbaŋkən ˈɔːbənt nu?]
¿A qué hora abre?	**Hvornår åbner den?** [vɒˈnɒˀ ˈɔːbnʌ dɛnˀ?]
¿A qué hora cierra?	**Hvornår lukker den?** [vɒˈnɒˀ ˈlɔkẹ dɛnˀ?]
¿Cuánto cuesta?	**Hvor meget?** [vɒˀ ˈmaɑð?]
¿Cuánto cuesta esto?	**Hvor meget bliver det?** [vɒˀ ˈmaɑð ˈbliẹˀ de?]
Es muy caro.	**Det er for dyrt.** [de ˈæẹ fə ˈdyẹˀt]
Perdone, ¿dónde está la caja?	**Undskyld, hvor kan jeg betale?** [ˈɔnˌskylˀ, vɒˀ kanˀ jɑ beˈtæˀlə?]
La cuenta, por favor.	**Regningen, tak.** [ˈʁɑjneŋən, tɑk]

¿Puedo pagar con tarjeta?

Kan jeg betale med kreditkort?
['kanˀ ja be'tæˀlə mɛ kʁɛ'dit kɒːt?]

¿Hay un cajero por aquí?

Er der en
udbetalingsautomat her?
[æɐ̯ 'dɛˀɐ̯ en
uðˀbe'tæˀleŋs ɑwto'mæˀt 'hɛˀɐ̯?]

Busco un cajero automático.

Jeg leder efter
en udbetalingsautomat.
[ja 'leːðə 'ɛftʌ
en uðˀbe'tæˀleŋs ɑwto'mæˀt]

Busco una oficina de cambio.

Jeg leder efter et vekselkontor.
[ja 'leːðə 'ɛftʌ et 'vɛksəl kɔn'toˀɐ̯]

Quisiera cambiar ...

Jeg vil gerne veksle ...
[jɑj ve 'gæɐ̯nə 'vɛkslə ...]

¿Cuál es el tipo de cambio?

Hvad er vekselkursen?
['vað 'æɐ̯ 'vɛksəl 'kuɐ̯'sən]

¿Necesita mi pasaporte?

Har du brug for mit pas?
['hɑˀ du 'bʁuˀ fə mit 'pas?]

Tiempo

¿Qué hora es?	**Hvad er klokken?** ['vað 'æg̊ 'klʌkən?]
¿Cuándo?	**Hvornår?** [vɒ'nɒˀ?]
¿A qué hora?	**På hvilket tidspunkt?** [pɔ 'velkəð 'tiðspɔnˀt?]
ahora | luego | después de …	**nu | senere | efter …** ['nu | 'seˀnʌʌ | 'ɛftʌ …]

la una	**klokken et** ['klʌkən et]
la una y cuarto	**kvart over et** ['kvɑːt 'ɒwˀʌ et]
la una y medio	**halv to** ['halˀ 'toˀ]
las dos menos cuarto	**kvart i to** ['kvɑːt i 'toˀ]

una | dos | tres	**et | to | tre** [ed | toˀ | tʁɛˀ]
cuatro | cinco | seis	**fire | fem | seks** ['fiˀʌ | fɛmˀ | 'sɛks]
siete | ocho | nueve	**syv | otte | ni** ['sywˀ | 'ɔːtə | niˀ]
diez | once | doce	**ti | elleve | tolv** ['tiˀ | 'ɛlvə | tʌlˀ]

en …	**om …** [ʌm …]
cinco minutos	**fem minutter** [fɛmˀ me'nutʌ]
diez minutos	**ti minutter** ['tiˀ me'nutʌ]
quince minutos	**femten minutter** ['fɛmtən me'nutʌ]
veinte minutos	**tyve minutter** ['tyːvə me'nutʌ]

media hora	**en halv time** [en 'halˀ 'tiːmə]
una hora	**en time** [en 'tiːmə]
por la mañana	**om morgenen** [ʌm 'mɒːɒnən]

por la mañana temprano	**tidligt om morgenen** ['tiðlit ʌm 'mɒːɒnən]
esta mañana	**her til morgen** ['hɛˀɐ̯ te 'mɒːɒn]
mañana por la mañana	**i morgen tidlig** [i 'mɒːɒn 'tiðli]

al mediodía	**midt på dagen** ['met pɔ 'dæˀən]
por la tarde	**om eftermiddagen** [ʌm 'ɛftʌmeˌdæˀən]
por la noche	**om aftenen** [ʌm 'ɑftənən]
esta noche	**i aften** [i 'ɑftən]

por la noche	**om natten** [ʌm 'nɛtn]
ayer	**i går** [i 'gɒˀ]
hoy	**i dag** [i 'dæˀ]
mañana	**i morgen** [i 'mɒːɒn]
pasado mañana	**i overmorgen** [i 'ɒwʌˌmɒːɒn]

¿Qué día es hoy?	**Hvilken dag er det i dag?** ['velkən 'dæˀ 'æɐ̯ de i 'dæˀ?]
Es …	**Det er …** [de 'æɐ̯ …]
lunes	**Mandag** ['manˀda]
martes	**tirsdag** ['tiɐ̯ˀsda]
miércoles	**onsdag** ['ɔnˀsda]

jueves	**torsdag** ['tɒˀsda]
viernes	**Fredag** ['fʁɛˀda]
sábado	**Lørdag** ['lœɐ̯da]
domingo	**søndag** ['sœnˀda]

Saludos. Presentaciones.

Hola.

Hej.
['hɑj]

Encantado /Encantada/ de conocerle.

Glad for at møde dig.
['glað fə ʌ 'møːðə 'dɑj]

Yo también.

Det samme her.
[de 'samə 'hɛˀɐ̯]

Le presento a …

Jeg vil gerne have at du møder …
[jɑj ve 'gæɐ̯nə hæˀ ʌ du 'møːðə …]

Encantado.

Rart at møde dig.
['ʁɑˀt ʌ 'møːðə dɑj]

¿Cómo está?

Hvordan har du det?
[vɒ'dan hɑˀ du de?]

Me llamo …

Mit navn er …
[mit 'nɑwˀn 'æɐ̯ …]

Se llama …

Hans navn er …
[hans 'nɑwˀn 'æɐ̯ …]

Se llama …

Hendes navn er …
['henəs 'nɑwˀn 'æɐ̯ …]

¿Cómo se llama (usted)?

Hvad hedder du?
['vað 'heðʌ du?]

¿Cómo se llama (él)?

Hvad hedder han?
['vað 'heðʌ han?]

¿Cómo se llama (ella)?

Hvad hedder hun?
['vað 'heðʌ hun?]

¿Cuál es su apellido?

Hvad er dit efternavn?
['vað 'æɐ̯ did 'ɛftʌ‚nɑwˀn?]

Puede llamarme …

Du kan ringe til mig …
[du kan 'ʁɛŋə te mɑj …]

¿De dónde es usted?

Hvor er du fra?
[vɒˀ 'æɐ̯ du fʁɑˀ]

Yo soy de ….

Jeg er fra …
['jɑj 'æɐ̯ fʁɑˀ …]

¿A qué se dedica?

Hvad arbejder du med?
['vað 'ɑːˌbɑjˈdʌ du mɛ?]

¿Quién es?

Hvem er det?
[vɛm 'æɐ̯ de?]

¿Quién es él?

Hvem er han?
[vɛm 'æɐ̯ han?]

¿Quién es ella?

Hvem er hun?
[vɛm 'æɐ̯ hun?]

¿Quiénes son?

Hvem er de?
[vɛm 'æɐ̯ di?]

Este es …	**Dette er …** ['dɛtə 'æɐ̯ …]
mi amigo	**min ven** [min 'vɛn]
mi amiga	**min veninde** [min vɛn'enə]
mi marido	**min mand** [min 'manʔ]
mi mujer	**min kone** [min 'koːnə]
mi padre	**min far** [min 'fɑː]
mi madre	**min mor** [min 'moɐ̯]
mi hermano	**min bror** [min 'bʁoɐ̯]
mi hermana	**min søster** [min 'søstʌ]
mi hijo	**min søn** [min 'sœn]
mi hija	**min datter** [min 'datʌ]
Este es nuestro hijo.	**Dette er vores søn.** ['dɛtə 'æɐ̯ 'vɒs 'sœn]
Esta es nuestra hija.	**Dette er vores datter.** ['dɛtə 'æɐ̯ 'vɒs 'datʌ]
Estos son mis hijos.	**Dette er mine børn.** ['dɛtə 'æɐ̯ 'miːnə 'bœɐ̯ʔn]
Estos son nuestros hijos.	**Dette er vores børn.** ['dɛtə 'æɐ̯ 'vɒs 'bœɐ̯ʔn]

Despedidas

¡Adiós!	**Farvel!** [fɑˈvɛl]
¡Chau!	**Hej hej!** [ˈhɑj ˈhɑj]
Hasta mañana.	**Ses i morgen.** [ˈseˀs i ˈmɒːɒn]
Hasta pronto.	**Vi ses snart.** [ˈvi ˈseˀs ˈsnɑˀt]
Te veo a las siete.	**Vi ses klokken syv.** [ˈvi ˈseˀs ˈklʌkən ˈsywˀ]
¡Que se diviertan!	**Have det sjovt!** [ˈhaˀ de ˈɕɒwd]
Hablamos más tarde.	**Vi snakkes ved senere.** [ˈvi ˈsnakəs ve ˈseˀnʌʌ]
Que tengas un buen fin de semana.	**Ha' en dejlig weekend.** [ha en ˈdɑjli ˈwiːˌkɛnd]
Buenas noches.	**Godnat.** [goˈnad]
Es hora de irme.	**Det er på tide at jeg smutter.** [de ˈæɡ̊ pɒ ˈtiːðə ʌ jɑ ˈsmutə]
Tengo que irme.	**Jeg bliver nødt til at gå.** [jɑ ˈbliɡ̊ˀ nøˀt te ʌ ˈgɔˀ]
Ahora vuelvo.	**Jeg kommer straks tilbage.** [jɑ ˈkʌmʌ ˈstʁaks teˈbæːjə]
Es tarde.	**Det er sent.** [de ˈæɡ̊ ˈseˀnt]
Tengo que levantarme temprano.	**Jeg er nødt til at stå tidligt op.** [ˈjɑj ˈæɡ̊ nøˀt te ʌ ˈstɔˀ ˈtiðlit ˈʌp]
Me voy mañana.	**Jeg rejser i morgen.** [jɑ ˈʁɑjsə i ˈmɒːɒn]
Nos vamos mañana.	**Vi rejser i morgen.** [ˈvi ˈʁɑjsə i ˈmɒːɒn]
¡Que tenga un buen viaje!	**Hav en dejlig tur!** [ˈhaˀ en ˈdɑjli ˈtuɡ̊ˀ]
Ha sido un placer.	**Det var rart at møde dig.** [de vɑ ˈʁɑˀt ʌ ˈmøːðə ˈdɑj]
Fue un placer hablar con usted.	**Det var rart at tale med dig.** [de vɑ ˈʁɑˀt ʌ ˈtæːlə mɛ ˈdɑj]
Gracias por todo.	**Tak for alt.** [tɑk fə ˈalˀt]

Lo he pasado muy bien.

Jeg nød tiden sammen.
[ja nøːð 'tiðən 'samʼən]

Lo pasamos muy bien.

Vi nød virkeligt tiden sammen.
['vi nøːð 'viękəlit 'tiðən 'samʼən]

Fue genial.

Det var virkeligt godt.
[de va 'viękəlit 'gʌt]

Le voy a echar de menos.

Jeg kommer til at savne dig.
[ja 'kʌmʌ te ʌ 'sawnə 'daj]

Le vamos a echar de menos.

Vi kommer til at savne dig.
['vi 'kʌmʌ te ʌ 'sawnə 'daj]]

¡Suerte!

Held og lykke!
['hɛlʼ ʌ 'løkə]

Saludos a …

Sig hej til …
['saj 'haj te …]

Idioma extranjero

No entiendo.	**Jeg forstår det ikke.** [ja fə'stɐ̯ de 'ekə]
Escríbalo, por favor.	**Skriv det ned, tak.** ['skʁiw' de neð', tɑk]
¿Habla usted ...?	**Taler du ...?** ['tæːlʌ du ...?]
Hablo un poco de ...	**Jeg taler en lille smule ...** [ja 'tæːlʌ en 'lilə 'smuːlə ...]
inglés	**engelsk** ['ɛŋ'əlsk]
turco	**tyrkisk** ['tyɐ̯kisk]
árabe	**arabisk** [ɑ'ʁɑ'bisk]
francés	**fransk** ['fʁɑn'sk]
alemán	**tysk** ['tysk]
italiano	**italiensk** [ital'jɛ'nsk]
español	**spansk** ['span'sk]
portugués	**portugisisk** [pɒtu'gi'sisk]
chino	**kinesisk** [ki'ne'sisk]
japonés	**japansk** [ja'pæ'nsk]
¿Puede repetirlo, por favor?	**Kan du gentage det, tak.** ['kan du 'gɛn̩tæ̯' de, tɑk]
Lo entiendo.	**Jeg forstår.** [ja fə'stɐ̯]
No entiendo.	**Jeg forstår det ikke.** [ja fə'stɐ̯ de 'ekə]
Hable más despacio, por favor.	**Tal langsommere.** ['tal 'laŋ̩sʌm'əʌ]
¿Está bien?	**Er det rigtigt?** [æɐ̯ de 'ʁɛgtit?]
¿Qué es esto? (¿Que significa esto?)	**Hvad er dette?** ['vað 'æɐ̯ 'dɛtə?]

Disculpas

Perdone, por favor.	**Undskyld mig.** ['ɔnˌskylˀ mɑj]
Lo siento.	**Det er jeg ked af.** [de 'æɐ̯ jɑ 'keðˀ æˀ]
Lo siento mucho.	**Jeg er virkelig ked af det.** ['jɑj 'æɐ̯ 'viɐ̯kəli 'keðˀ æˀ de]
Perdón, fue culpa mía.	**Beklager, det er min skyld.** [be'klæˀjə, de 'æɐ̯ min 'skylˀ]
Culpa mía.	**Min fejl.** [min 'fɑjˀl]

¿Puedo ...?	**Må jeg ...?** [mɔˀ jɑ ...?]
¿Le molesta si ...?	**Har du noget imod, hvis jeg ...?** ['hɑˀ du 'noːəð i'moðˀ, 'ves jɑj ...?]
¡No hay problema! (No pasa nada.)	**Det er OK.** [de 'æɐ̯ ɔw'kɛj]
Todo está bien.	**Det er OK.** [de 'æɐ̯ ɔw'kɛj]
No se preocupe.	**Tag dig ikke af det.** ['tæˀ 'dɑj 'ekə æˀ de]

Acuerdos

Sí.

Ja.
['jæ]

Sí, claro.

Ja, helt sikkert.
['jæ, 'heˀlt 'sekʌt]

Bien.

Godt!
['gʌt]

Muy bien.

Meget godt.
['maɑð 'gʌt]

¡Claro que sí!

Bestemt!
[be'stɛmˀt]

Estoy de acuerdo.

Jeg er enig.
['jɑj 'æɐ̯ 'eːni]

Es verdad.

Det er korrekt.
[de 'æɐ̯ ko'ʁakt]

Es correcto.

Det er rigtigt.
[de 'æɐ̯ 'ʁɛgtit]

Tiene razón.

Du har ret.
[du hɑˀ 'ʁat]

No me molesta.

Jeg har ikke noget imod det.
[jɑ hɑˀ 'ekə 'noːəð i'moð' de]

Es completamente cierto.

Helt korrekt.
['heˀlt ko'ʁakt]

Es posible.

Det er muligt.
[de 'æɐ̯ 'muːlit]

Es una buena idea.

Det er en god idé.
[de 'æɐ̯ en 'goð' i'de']

No puedo decir que no.

Jeg kan ikke sige nej.
[jɑ kan 'ekə 'siː 'nɑj']

Estaré encantado /encantada/.

Jeg ville være glad for.
[jɑj 'vilə 'vɛɐ̯' 'glað fə]

Será un placer.

Med glæde.
[mɛ 'glɛːðə]

Rechazo. Expresar duda

No.	**Nej.** [nɑjˀ]
Claro que no.	**Bestemt ikke.** [beˈstɛmˀt ˈekə]
No estoy de acuerdo.	**Jeg er ikke enig.** [ˈjɑj ˈæɐ̯ ˈekə ˈeːni]
No lo creo.	**Jeg tror det ikke.** [jɑ ˈtʁoˀɐ̯ de ˈekə]
No es verdad.	**Det er ikke sandt.** [de ˈæɐ̯ ˈekə ˈsant]
No tiene razón.	**Du tager fejl.** [du ˈtæˀɐ̯ ˈfɑjˀl]
Creo que no tiene razón.	**Jeg tror, du tager fejl.** [jɑ ˈtʁoˀɐ̯, du ˈtæˀɐ̯ ˈfɑjˀl]
No estoy seguro /segura/.	**Jeg er ikke sikker.** [ˈjɑj ˈæɐ̯ ˈekə ˈsekʌ]
No es posible.	**Det er umuligt.** [de ˈæɐ̯ uˈmuˀlit]
¡Nada de eso!	**Overhovedet ikke!** [ɒwʌˈhoːədəð ˈekə]
Justo lo contrario.	**Det stik modsatte.** [de ˌstek ˈmoðˌsatə]
Estoy en contra de ello.	**Jeg er imod det.** [ˈjɑj ˈæɐ̯ iˈmoðˀ de]
No me importa. (Me da igual.)	**Jeg er ligeglad.** [ˈjɑj ˈæɐ̯ ˈliːəˌglað]
No tengo ni idea.	**Jeg aner det ikke.** [ˈjɑj ˈæːnə de ˈekə]
Dudo que sea así.	**Jeg tvivler på det.** [jɑ ˈtviwlə pɔˀ de]
Lo siento, no puedo.	**Undskyld, jeg kan ikke.** [ˈɔnˌskylˀ, jɑ kanˀ ˈekə]
Lo siento, no quiero.	**Undskyld, jeg ønsker ikke at.** [ˈɔnˌskylˀ, jɑ ˈønskɐ ˈekə ʌ]
Gracias, pero no lo necesito.	**Tak, men jeg har ikke brug for dette.** [tak, mɛn jɑ ˈhɑˀ ˈekə ˈbʁuˀ fə ˈdɛtə]
Ya es tarde.	**Det bliver sent.** [de ˈbliɐ̯ ˈseˀnt]

Tengo que levantarme temprano.

Jeg er nødt til at stå tidligt op.
['jɑj 'æɛ̯ nø'̯t te ʌ 'stɔ' 'tiðlit ʌp]

Me encuentro mal.

Jeg føler mig dårlig.
[jɑ 'fø:lɛ̯ mɑj 'dɒ:li]

Expresar gratitud

Gracias.	**Tak.** [tɑk]
Muchas gracias.	**Mange tak.** ['mɑŋə 'tɑk]
De verdad lo aprecio.	**Jeg sætter virkeligt pris på det.** [jɑ sɛtʌ 'viɐ̯kəlit 'pʁi's pɔ' de]
Se lo agradezco.	**Jeg er dig virkeligt taknemmelig.** ['jɑj 'æɐ̯ dɑ 'viɐ̯kəlit tɑk'nɛm'əli]
Se lo agradecemos.	**Vi er dig virkeligt taknemmelige.** ['vi 'æɐ̯ dɑ 'viɐ̯kəlit tɑk'nɛm'əliə]
Gracias por su tiempo.	**Tak for din tid.** [tɑk fə din 'tið']
Gracias por todo.	**Tak for alt.** [tɑk fə 'al't]
Gracias por …	**Tak for …** [tɑk fə …]
su ayuda	**din hjælp** [din 'jɛl'p]
tan agradable momento	**en dejlig tid** [en 'dɑjli 'tið']
una comida estupenda	**et vidunderligt måltid** [ed við'ɔn'ʌlit 'mʌlˌtið']
una velada tan agradable	**en hyggelig aften** [en 'hygəli 'ɑftən]
un día maravilloso	**en vidunderlig dag** [en við'ɔn'ʌli 'dæ']
un viaje increíble	**en fantastisk rejse** [en fan'tastisk 'ʁɑjsə]
No hay de qué.	**Glem det.** ['glɛm de]
De nada.	**Du er velkommen.** [du 'æɐ̯ 'vɛlˌkʌm'ən]
Siempre a su disposición.	**Når som helst.** ['nɔ' sʌm 'hɛl'st]
Encantado /Encantada/ de ayudarle.	**Intet problem.** ['entəð pʁo'ble'm]
No hay de qué.	**Glem det.** ['glɛm de]
No tiene importancia.	**Tag dig ikke af det.** ['tæ' 'dɑj 'ekə æ' de]

Felicitaciones , Mejores Deseos

¡Felicidades!	**Til lykke!** [te 'løkə]
¡Feliz Cumpleaños!	**Tillykke med fødselsdagen!** [tə'løkə mɛ 'føsəls,dæˀən]
¡Feliz Navidad!	**Glædelig jul!** ['glɛ:ðəli 'juˀl]
¡Feliz Año Nuevo!	**Godt Nytår!** ['gʌt 'nyt,ɒˀ]

¡Felices Pascuas!	**God påske!** ['goðˀ 'pɔ:skə]
¡Feliz Hanukkah!	**Glædelig Hanukkah!** ['glɛ:ðəli 'hanuka]

Quiero brindar.	**Jeg vil gerne udbringe en skål.** [jɑj ve 'gæɡnə 'uð,bʁɛŋˀə en 'skɔˀl]
¡Salud!	**Skål!** ['skɔˀl]
¡Brindemos por …!	**Lad os skåle for …!** [lað ʌs 'skɔ:lə fə …!]
¡A nuestro éxito!	**Til vores succes!** [te 'vɒɒs syk'se]
¡A su éxito!	**Til din succes!** [te din syk'se]

¡Suerte!	**Held og lykke!** ['hɛlˀ ʌ 'løkə]
¡Que tenga un buen día!	**Hav en dejlig dag!** ['hɑˀ en 'dɑjli 'dæˀ]
¡Que tenga unas buenas vacaciones!	**Hav en god ferie!** ['hɑˀ en 'goðˀ 'feɡˀiə]
¡Que tenga un buen viaje!	**Har en sikker rejse!** ['hɑˀ en 'sekʌ 'ʁɑjsə!]
¡Espero que se recupere pronto!	**Jeg håber du får det bedre snart!** [jɑ 'hɔ:bʌ du fɒˀ de 'bɛðʁʌ 'snɑˀt]

Socializarse

¿Por qué está triste?	**Hvorfor er du ked af det?** ['vɔfʌ 'æɐ̯ du 'keð' æ' de?]
¡Sonría! ¡Animese!	**Smil! Op med humøret!** ['smi'l! ʌb mɛ hu'mø'ɐ̯əð]
¿Está libre esta noche?	**Er du fri i aften?** [æɐ̯ du 'fʁi' i 'ɑftən?]

¿Puedo ofrecerle algo de beber?	**Må jeg tilbyde dig en drink?** [mɔ' ja 'tel̩ˌby'ðə 'daj en 'dʁiŋk?]
¿Querría bailar conmigo?	**Kunne du tænke dig at danse?** ['kunə du 'tɛŋkə daj ʌ 'dansə?]
Vamos a ir al cine.	**Lad os gå i biografen.** [lað ʌs 'gɔ' i bio'gʁɑ'fən]

¿Puedo invitarle a …?	**Må jeg invitere dig til …?** [mɔ' ja envi'te'ʌ da te …?]
un restaurante	**en restaurant** [en ʁɛsto'ʁɑn]
el cine	**biografen** [bio'gʁɑ'fən]
el teatro	**teatret** [te'æ'tɐ̯əð]
dar una vuelta	**at gå en tur** [ʌ 'gɔ' en 'tuɐ̯']

¿A qué hora?	**På hvilket tidspunkt?** [pɔ 'velkəð 'tiðspɔŋ't?]
esta noche	**i aften** [i 'ɑftən]
a las seis	**klokken seks** ['klʌkən 'sɛks]
a las siete	**klokken syv** ['klʌkən 'syw']
a las ocho	**klokken otte** ['klʌkən 'ɔːtə]
a las nueve	**klokken ni** ['klʌkən 'ni']

¿Le gusta este lugar?	**Kan du lide det her?** ['kan du 'liːðə de 'hɛ'ɐ̯?]
¿Está aquí con alguien?	**Er du her med nogen?** [æɐ̯ du 'hɛ'ɐ̯ mɛ 'noən?]
Estoy con mi amigo /amiga/.	**Jeg er sammen med min ven.** ['jaj 'æɐ̯ 'sɑm'ən mɛ min 'vɛn]

Estoy con amigos.	**Jeg er sammen med mine venner.** ['jaj 'æɐ̯ 'sɑm'ən mɛ'miːnə 'vɛnʌ]
No, estoy solo /sola/.	**Nej, jeg er alene.** [naj', ja 'æɐ̯ a'leːnə]
¿Tienes novio?	**Har du en kæreste?** ['hɑ' du en 'kæɐ̯ʌstə?]
Tengo novio.	**Jeg har en kæreste.** [ja hɑ' en 'kæɐ̯ʌstə]
¿Tienes novia?	**Har du en kæreste?** ['hɑ' du en 'kæɐ̯ʌstə?]
Tengo novia.	**Jeg har en kæreste.** [ja hɑ' en 'kæɐ̯ʌstə]
¿Te puedo volver a ver?	**Kan jeg se dig igen?** ['kan' ja se' daj i'gɛn?]
¿Te puedo llamar?	**Kan jeg ringe til dig?** ['kan' ja 'ʁɛŋə te daj?]
Llámame.	**Ring til mig.** ['ʁɛŋə te maj]
¿Cuál es tu número?	**Hvad er dit nummer?** ['vað 'æɐ̯ dit 'nɔm'ʌ?]
Te echo de menos.	**Jeg savner dig.** [ja 'sɑwnɐ daj]
¡Qué nombre tan bonito!	**Du har et smukt navn.** [du hɑ' et 'smɔkt 'nɑw'n]
Te quiero.	**Jeg elsker dig.** ['jaj 'ɛlskʌ daj]
¿Te casarías conmigo?	**Vil du gifte dig med mig?** ['ve du 'giftə 'daj mɛ maj?]
¡Está de broma!	**Du spøger!** [du 'spøːjə]
Sólo estoy bromeando.	**Jeg spøger.** [ja 'spøːjə]
¿En serio?	**Mener du det alvorligt?** ['meːnʌ du de al'vɒ'lit?]
Lo digo en serio.	**Jeg mener det alvorligt.** [ja 'meːnʌ de al'vɒ'lit]
¿De verdad?	**Virkeligt?!** ['viɐ̯kəlit?!]
¡Es increíble!	**Det er utroligt!** [de 'æɐ̯ u'tʁo'lit]
No le creo.	**Jeg tror dig ikke.** [ja 'tʁo'ɐ̯ 'daj 'ekə]
No puedo.	**Jeg kan ikke.** [ja kan 'ekə]
No lo sé.	**Jeg ved det ikke.** [jaj ve de 'ekə]
No le entiendo.	**Jeg forstår dig ikke.** [ja fə'stɒ daj 'ekə]

Váyase, por favor.

Gå din vej.
['gɔˀ din 'vɑjˀ]

¡Déjeme en paz!

Lad mig være!
[lað mɑj 'vɛɐ̯ˀ]

Es inaguantable.

Jeg kan ikke fordrage ham.
[jɑ kan 'ekə fə'dʁɑˀwə hɑm]

¡Es un asqueroso!

Du er modbydelig!
[du 'æɐ̯ moðˀbyðˀəli]

¡Llamaré a la policía!

Jeg ringer til politiet!
[jɑ 'ʁɛŋʌ te poli'tiˀəð]

Compartir impresiones. Emociones

Me gusta.	**Jeg kan lide det.** [ja kan 'li:ðə de]
Muy lindo.	**Meget fint.** ['maɑð 'fiˀnt]
¡Es genial!	**Det er godt!** [de 'æɐ̯ 'gʌt]
No está mal.	**Det er ikke dårligt.** [de 'æɐ̯ 'ekə 'dɒːlit]

No me gusta.	**Jeg kan ikke lide det.** [ja kan 'ekə 'li:ðə de]
No está bien.	**Det er ikke godt.** [de 'æɐ̯ 'ekə 'gʌt]
Está mal.	**Det er dårligt.** [de 'æɐ̯ 'dɒːlit]
Está muy mal.	**Det er meget dårligt.** [de 'æɐ̯ 'maɑð 'dɒːlit]
¡Qué asco!	**Det er ulækkert.** [de 'æɐ̯ 'uˌlɛkʌt]

Estoy feliz.	**Jeg er glad.** ['jaj 'æɐ̯ 'glað]
Estoy contento /contenta/.	**Jeg er tilfreds.** ['jaj 'æɐ̯ te'fʁɛs]
Estoy enamorado /enamorada/.	**Jeg er forelsket.** ['jaj 'æɐ̯ fə'ɛlˀskəð]
Estoy tranquilo.	**Jeg er rolig.** ['jaj 'æɐ̯ 'ʁoːli]
Estoy aburrido.	**Jeg keder mig.** [ja 'keːðʌ maj]

Estoy cansado /cansada/.	**Jeg er træt.** ['jaj 'æɐ̯ 'tʁat]
Estoy triste.	**Jeg er ked af det.** ['jaj 'æɐ̯ 'keðˀ æˀ de]
Estoy asustado.	**Jeg er bange.** ['jaj 'æɐ̯ 'baŋə]
Estoy enfadado /enfadada/.	**Jeg er vred.** ['jaj 'æɐ̯ 'vʁɛðˀ]

Estoy preocupado /preocupada/.	**Jeg er bekymret.** ['jaj 'æɐ̯ be'kømˀʁʌð]
Estoy nervioso /nerviosa/.	**Jeg er nervøs.** ['jaj 'æɐ̯ næɐ̯'vøˀs]

Estoy celoso /celosa/.

Jeg er misundelig.
['jɑj 'æɐ̯ mis'ɔn'əli]

Estoy sorprendido /sorprendida/.

Jeg er overrasket.
['jɑj 'æɐ̯ 'ɒwʌˌʁɑskəð]

Estoy perplejo /perpleja/.

Jeg er forvirret.
['jɑj 'æɐ̯ fʌ'viɐ̯'ʌð]

Problemas, Accidentes

Tengo un problema.	**Jeg har fået et problem.** [ja ha' fɔ' et pʁo'ble'm]
Tenemos un problema.	**Vi har fået et problem.** ['vi ha' 'fɔ' et pʁo'ble'm]
Estoy perdido /perdida/.	**Jeg forstår ikke.** [ja fə'stɒ 'ekə]
Perdi el último autobús (tren).	**Jeg kom for sent til den sidste bus (tog).** [ja 'kʌm' fə 'se'nt te dən 'sistə bus ('tɔ'w)]
No me queda más dinero.	**Jeg har ikke nogen penge tilbage.** [ja ha' 'ekə 'noən 'pɛŋə te'bæːjə]
He perdido …	**Jeg har mistet min …** [ja ha' 'mestəð min …]
Me han robado …	**Nogen stjal mit …** ['noən 'stjæ'l mit …]
mi pasaporte	**pas** ['pas]
mi cartera	**tegnebog** ['tajnəbɔ'w]
mis papeles	**papirer** [pa'piːɐ']
mi billete	**billet** [bi'lɛt]
mi dinero	**penge** ['pɛŋə]
mi bolso	**håndtaske** ['hʌn'taskə]
mi cámara	**kamera** ['kæ'məʁa]
mi portátil	**laptop** ['lap̩tʌp]
mi tableta	**tablet computer** ['tablɛt kʌm'pjuːtʌ]
mi teléfono	**mobiltelefon** [mo'bil telə'fo'n]
¡Ayúdeme!	**Hjælp mig!** ['jɛl'p maj]
¿Qué pasó?	**Hvad er der sket?** ['vað 'æɐ 'dɛ'ɐ 'ske'ð?]

el incendio	**brand** ['bʁɑnʔ]
un tiroteo	**skyderi** [skyðʌ'ʁiʔ]
el asesinato	**mord** ['moʔɐ̯]
una explosión	**eksplosion** [ɛksplo'ɕoʔn]
una pelea	**kamp** ['kɑmʔp]

¡Llame a la policía!	**Ring til politiet!** ['ʁɛŋə te poli'tiʔəð]
¡Más rápido, por favor!	**Vær sød at skynde dig!** ['vɛɐ̯ʔ 'søðʔ ʌ 'skønə 'dɑj]
Busco la comisaría.	**Jeg leder efter politistationen.** [jɑ 'leːðə 'ɛftʌ poli'ti staʔɕoʔnən]
Tengo que hacer una llamada.	**Jeg har brug for at foretage et opkald.** [jɑ hɑʔ 'bʁuʔ fə ʌ 'foːɒˌtæʔ et 'ʌpkalʔ]
¿Puedo usar su teléfono?	**Må jeg bruge din telefon?** [moʔ jɑ 'bʁuːə din telə'foʔn?]

Me han …	**Jeg er blevet …** ['jɑj 'æɐ̯ 'blewəð …]
asaltado /asaltada/	**overfaldet** ['ɒwʌˌfalʔəð]
robado /robada/	**røvet** ['ʁɶwəð]
violada	**voldtaget** ['vʌlˌtæʔəð]
atacado /atacada/	**angrebet** ['anˌgʁɛʔbəð]

¿Se encuentra bien?	**Er du okay?** [æɐ̯ du ɔw'kɛj?]
¿Ha visto quien a sido?	**Så du, hvem det var?** ['sɔʔ du, vɛm de 'vɑ?]
¿Sería capaz de reconocer a la persona?	**Ville du være i stand til at genkende personen?** ['vilə du 'vɛɐ̯ʔ i 'stan te ʌ 'gɛnˌkɛnʔə pæɐ̯'soʔnən?]
¿Está usted seguro?	**Er du sikker?** ['æɐ̯ du 'sekʌ?]

Por favor, cálmese.	**Fald til ro.** ['falʔ te 'ʁoʔ]
¡Cálmese!	**Tag det roligt!** ['tæʔ de 'ʁoːlit]
¡No se preocupe!	**Det går nok!** [de gɒʔ 'nʌk]
Todo irá bien.	**Alt vil være OK.** ['alʔt ve 'vɛɐ̯ʔ ɔw'kɛj]

Todo está bien.

Alt er okay.
['al'̩t 'æɐ̯ ɔw'kɛj]

Venga aquí, por favor.

Kom her.
[kʌmˀ 'hɛˀɐ̯]

Tengo unas preguntas para usted.

Jeg har nogle spørgsmål til dig.
[ja haˀ 'noːlə 'sbœɐ̯sˌmɔˀl te 'daj]

Espere un momento, por favor.

Vent et øjeblik.
['vɛnt et 'ʌjəˌblek]

¿Tiene un documento de identidad?

Har du nogen ID?
['haˀ du 'noən 'iˀ''deˀ?]

Gracias. Puede irse ahora.

Tak. Du kan gå nu.
[tak. du kan 'gɔˀ nu]

¡Manos detrás de la cabeza!

Hænderne bag hovedet!
['hɛnˀʌnə 'bæˀ 'hoːðəð]

¡Está arrestado!

Du er anholdt!
[du 'æɐ̯ 'anˌhʌlt]

Problemas de salud

Ayudeme, por favor.	**Vær sød at hjælpe mig.** ['vɛɐ̯ 'søð ʌ 'jɛlpə maj]
No me encuentro bien.	**Jeg føler mig dårlig.** [ja 'fø:lɐ̯ maj 'dɒ:li]
Mi marido no se encuentra bien.	**Min mand føler sig dårlig.** [min 'man' 'fø:lɐ̯ saj 'dɒ:li]
Mi hijo …	**Min søn …** [min 'sœn …]
Mi padre …	**Min far …** [min 'fɑ: …]
Mi mujer no se encuentra bien.	**Min kone føler sig dårlig.** [min 'ko:nə 'fø:lɐ̯ saj 'dɒ:li]
Mi hija …	**Min datter …** [min 'datʌ …]
Mi madre …	**Min mor …** [min 'moɐ̯ …]
Me duele …	**Jeg har fået …** [ja hɑ' fɒ' …]
la cabeza	**hovedpine** ['ho:əð̩pi:nə]
la garganta	**ondt i halsen** ['ɔnt i 'hal'sən]
el estómago	**mavepine** ['mæ:və 'pi:nə]
un diente	**tandpine** ['tan̩pi:nə]
Estoy mareado.	**Jeg føler mig svimmel.** [ja 'fø:lɐ̯ maj 'svem'əl]
Él tiene fiebre.	**Han har feber.** [han hɑ' 'fe'bʌ]
Ella tiene fiebre.	**Hun har feber.** [hun hɑ' 'fe'bʌ]
No puedo respirar.	**Jeg kan ikke få vejret.** [ja kan 'ekə fɒ' 'vaj̩ʁat]
Me ahogo.	**Jeg er forpustet.** ['jaj 'æɐ̯ fə'pu'stəð]
Tengo asma.	**Jeg er astmatiker.** ['jaj 'æɐ̯ ast'mæ'tikʌ]
Tengo diabetes.	**Jeg er diabetiker.** ['jaj 'æɐ̯ dia'be'tikʌ]

No puedo dormir.

Jeg kan ikke sove.
[ja kan 'eke 'sɒwe]

intoxicación alimentaria

madforgiftning
['maðfʌˌgiftneŋ]

Me duele aquí.

Det gør ondt her.
[de 'gæɐ̯ ɔnt 'hɛ'ɐ̯]

¡Ayúdeme!

Hjælp mig!
['jɛl'p maj]

¡Estoy aquí!

Jeg er her!
['jaj 'æɐ̯ 'hɛ'ɐ̯]

¡Estamos aquí!

Vi er her!
['vi 'æɐ̯ 'hɛ'ɐ̯]

¡Saquenme de aquí!

Få mig ud herfra!
['fɔ' maj 'uð' 'hɛ'ɐ̯ˌfʁɑ']

Necesito un médico.

Jeg har brug for en læge.
[ja ha' 'bʁu' fe en 'lɛːje]

No me puedo mover.

Jeg kan ikke bevæge sig.
[ja kan 'eke be'vɛ'je 'saj]

No puedo mover mis piernas.

Jeg kan ikke bevæge mine ben.
[ja kan 'eke be'vɛ'je 'miːne 'be'n]

Tengo una herida.

Jeg har et sår.
[ja ha' et 'sɒ']

¿Es grave?

Er det alvorligt?
[æɐ̯ de al'vɒ'lit?]

Mis documentos están en mi bolsillo.

Mine papirer ligger i min lomme.
['miːne pa'piːɐ̯ 'legʌ i min 'lʌme]

¡Cálmese!

Tag det roligt!
['tæ' de 'ʁoːlit]

¿Puedo usar su teléfono?

Må jeg bruge din telefon?
[mɔ' ja 'bʁuːe din tele'fo'n?]

¡Llame a una ambulancia!

Ring efter en ambulance!
['ʁeŋe 'ɛftʌ en ambu'laŋse]

¡Es urgente!

Det haster!
[de 'haste]

¡Es una emergencia!

Det er en nødsituation!
[de 'æɐ̯ en 'nød sitwa'ɕo'n]

¡Más rápido, por favor!

Vær sød at skynde dig!
['vɛɐ̯' 'søð' ʌ 'skøne 'daj]

¿Puede llamar a un médico, por favor?

Vil du venligst ringe til en læge?
['ve du 'vɛnlist 'ʁeŋe te en 'lɛːje?]

¿Dónde está el hospital?

Hvor er hospitalet?
[vɒ' 'æɐ̯ hɒspi'tæ'leð?]

¿Cómo se siente?

Hvordan har du det?
[vɒ'dan ha' du de?]

¿Se encuentra bien?

Er du okay?
[æɐ̯ du ɔw'kɛj?]

¿Qué pasó?

Hvad er der sket?
['vað 'æɐ̯ 'dɛ'ɐ̯ 'ske'ð?]

Me encuentro mejor.

Jeg har det bedre nu.
[jɑ hɑˀ de ˈbɛðʁʌ ˈnu]

Está bien.

Det er OK.
[de ˈæɡ ɔwˈkɛj]

Todo está bien.

Det er OK.
[de ˈæɡ ɔwˈkɛj]

En la farmacia

la farmacia	**apotek** [apo'te⁷k]
la farmacia 24 horas	**døgnåbent apotek** ['dʌj⁷n 'ɔ:bənt apo'te⁷k]
¿Dónde está la farmacia más cercana?	**Hvor er det nærmeste apotek?** [vɒ⁷ 'æɐ̯ de 'næɐ̯məstə apo'te⁷k?]
¿Está abierta ahora?	**Holder det åbent nu?** ['hʌlʌ de 'ɔ:bənt 'nu?]
¿A qué hora abre?	**Hvornår åbner det?** [vɒ'nɒ⁷ 'ɔ:bnʌ de?]
¿A qué hora cierra?	**Hvornår lukker det?** [vɒ'nɒ⁷ 'lɔkɐ̯ de?]
¿Está lejos?	**Er det langt væk?** [æɐ̯ de 'laŋ⁷t vɛk?]
¿Puedo llegar a pie?	**Kan jeg komme derhen til fods?** ['kan⁷ ja 'kʌmə 'dɛ⁷ɐ̯'hɛn te 'fo⁷ðs?]
¿Puede mostrarme en el mapa?	**Kan du vise mig på kortet?** ['kan du 'vi:sə maj pɔ 'kɒ:təð?]
Por favor, deme algo para …	**Kan du give mig noget for …** ['kan du gi⁷ maj 'no:əð fə …]
un dolor de cabeza	**hovedpine** ['ho:əð͜pi:nə]
la tos	**hoste** ['ho:stə]
el resfriado	**forkølelse** [fʌ'kø⁷ləlsə]
la gripe	**influenza** [enflu'ɛnsa]
la fiebre	**feber** ['fe⁷bʌ]
un dolor de estomago	**ondt i maven** ['ɔnt i 'mæ:vən]
nauseas	**kvalme** ['kvalmə]
la diarrea	**diarré** [dia'ʁɛ⁷]
el estreñimiento	**forstoppelse** [fʌ'stʌpəlsə]
un dolor de espalda	**rygsmerter** ['ʁɶg 'smæɐ̯tə]

un dolor de pecho	**brystsmerter** ['bʁœst 'smæɐ̯tə]
el flato	**sidesting** ['si:ðə 'steŋ']
un dolor abdominal	**mavesmerter** ['mæ:və 'smæɐ̯tə]

la píldora	**pille** ['pelə]
la crema	**salve, creme** ['salvə, 'kʁɛ'm]
el jarabe	**sirup** ['si'ʁɔp]
el spray	**spray** ['spʁɛj]
las gotas	**dråber** ['dʁɔ:bʌ]

Tiene que ir al hospital.	**Du er nødt til at tage på hospitalet.** [du 'æɡ 'nø't te ʌ tæ' pɔ hɔspi'tæ'ləð]
el seguro de salud	**sygesikring** ['sy:ə‚sekʁɛŋ]
la receta	**recept** [ʁɛ'sɛpt]
el repelente de insectos	**mygge-afskrækker** ['myɡə-'ɑw‚skʁakʌ]
la curita	**hæfteplaster** ['hɛftə 'plastʌ]

Lo más imprescindible

Perdone, …	**Undskyld, …** [ˈɔnˌskylˀ, …]
Hola.	**Hej.** [ˈhɑj]
Gracias.	**Tak.** [tɑk]

Sí.	**Ja.** [ˈjæ]
No.	**Nej.** [nɑjˀ]
No lo sé.	**Jeg ved det ikke.** [jɑj ve de ˈekə]
¿Dónde? | ¿A dónde? | ¿Cuándo?	**Hvor? | Hvorhen? | Hvornår?** [ˈvɒˀ? | ˈvɒˀˌhɛn? | vɒˈnɒˀ?]

Necesito …	**Jeg har brug for …** [jɑ hɑˀ ˈbʁuˀ fə …]
Quiero …	**Jeg vil …** [jɑj ve …]
¿Tiene …?	**Har du …?** [ˈhɑˀ du …?]
¿Hay … por aquí?	**Er der en … her?** [æ̞ ˈdɛˀ̞ en … hɛˀ̞?]
¿Puedo …?	**Må jeg …?** [mɔˀ jɑ …?]
…, por favor? (petición educada)	**… venligst** [… ˈvɛnlist]

Busco …	**Jeg leder efter …** [jɑ ˈleːðə ˈɛftʌ …]
el servicio	**toilet** [toaˈlɛt]
un cajero automático	**udbetalingsautomat** [uðˀbeˈtæˀleŋs ɑwtoˈmæˀt]
una farmacia	**apotek** [ɑpoˈteˀk]
el hospital	**hospital** [hɔspiˈtæˀl]

la comisaría	**politistation** [poliˈti stɑˈɕoˀn]
el metro	**metro** [ˈmeːtʁo]

un taxi	**taxi** ['tɑksi]
la estación de tren	**togstation** ['tɔw staˈɕoˀn]

Me llamo …	**Mit navn er …** [mit 'nɑwˀn 'æɐ̯ …]
¿Cómo se llama?	**Hvad er dit navn?** ['vað 'æɐ̯ dit nɑwˀn?]
¿Puede ayudarme, por favor?	**Kan du hjælpe mig?** ['kan du 'jɛlpə mɑj?]
Tengo un problema.	**Jeg har fået et problem.** [jɑ haˀ foˀ et pʁoˈbleˀm]
Me encuentro mal.	**Jeg føler mig dårlig.** [jɑ 'føːlɐ mɑj 'dɔːli]
¡Llame a una ambulancia!	**Ring efter en ambulance!** ['ʁɛŋə 'ɛftʌ en ɑmbu'lɑŋsə]
¿Puedo llamar, por favor?	**Må jeg foretage et opkald?** [mɔˀ jɑ 'foːɒˌtæˀ et 'ʌpkalˀ?]

Lo siento.	**Det er jeg ked af.** [de 'æɐ̯ jɑ 'keðˀ æˀ]
De nada.	**Selv tak.** [sɛlˀ tak]

Yo	**Jeg, mig** [jɑj, mɑj]
tú	**du** [du]
él	**han** [han]
ella	**hun** [hun]
ellos	**de** [di]
ellas	**de** [di]
nosotros /nosotras/	**vi** [vi]
ustedes, vosotros	**I, De** [Ι, di]
usted	**De** [di]

ENTRADA	**INDGANG** ['enˌgɑŋˀ]
SALIDA	**UDGANG** ['uðˌgɑŋˀ]
FUERA DE SERVICIO	**UDE AF DRIFT** ['uːðə æˀ 'dʁɛft]
CERRADO	**LUKKET** ['lɔkəð]

ABIERTO	**ÅBEN** [ˈɔːbən]
PARA SEÑORAS	**TIL KVINDER** [te ˈkvenʌ]
PARA CABALLEROS	**TIL MÆND** [te ˈmɛnˀ]

VOCABULARIO TEMÁTICO

Esta sección contiene más
de 3.000 de las palabras más
importantes. El diccionario
le proporcionará una ayuda
inestimable mientras viaja al
extranjero, porque las palabras
individuales son a menudo
suficientes para que
le entiendan.
El diccionario incluye una
transcripción adecuada
de cada palabra extranjera

T&P Books Publishing

CONTENIDO
DEL DICCIONARIO

T&P Books Publishing

BOOKS

CONCEPTOS BÁSICOS

T&P Books Publishing

1. Los pronombres

yo	**jeg**	['jɑj]
tú	**du**	[du]
él	**han**	['han]
ella	**hun**	['hun]
ello	**den, det**	['dən], [de]
nosotros, -as	**vi**	['vi]
vosotros, -as	**I**	[i]
ellos, ellas	**de**	['di]

2. Saludos. Salutaciones

¡Hola! (fam.)	**Hej!**	['hɑj]
¡Hola! (form.)	**Hallo! Goddag!**	[ha'lo], [go'dæ’]
¡Buenos días!	**Godmorgen!**	[go'mɒːɒn]
¡Buenas tardes!	**Goddag!**	[go'dæ’]
¡Buenas noches!	**Godaften!**	[go'ɑftən]
decir hola	**at hilse**	[ʌ 'hilsə]
¡Hola! (a un amigo)	**Hej!**	['hɑj]
saludo (m)	**hilsen** (f)	['hilsən]
saludar (vt)	**at hilse**	[ʌ 'hilsə]
¿Cómo estáis?	**Hvordan har De det?**	[vɒdan ha di de]
¿Cómo estás?	**Hvordan går det?**	[vɒdan gɒ: de]
¿Qué hay de nuevo?	**Hvad nyt?**	['vað 'nyt]
¡Hasta la vista! (form.)	**Farvel!**	[fa'vɛl]
¡Hasta la vista! (fam.)	**Hej hej!**	['hɑj 'hɑj]
¡Hasta pronto!	**Hej så længe!**	['hɑj sʌ 'lɛŋə]
¡Adiós!	**Farvel!**	[fa'vɛl]
despedirse (vr)	**at sige farvel**	[ʌ 'si: fa'vɛl]
¡Hasta luego!	**Hej hej!**	['hɑj 'hɑj]
¡Gracias!	**Tak!**	['tɑk]
¡Muchas gracias!	**Mange tak!**	['mɑŋə 'tɑk]
De nada	**Velbekomme**	['vɛlbə'kʌm’ə]
No hay de qué	**Det var så lidt!**	[de vɑ’ sʌ let]
De nada	**Det var så lidt!**	[de vɑ’ sʌ let]
¡Disculpa!	**Undskyld, ...**	['ɔnˌskyl’, ...]
¡Disculpe!	**Undskyld mig, ...**	['ɔnˌskyl’ mɑj, ...]

de lado (adv)	**fra siden**	[fʁɑ 'siðən]
en todas partes	**overalt**	[ɒwʌ'alˀt]
alrededor (adv)	**rundtomkring**	['ʁɔnˀdʌmˌkʁɛŋˀ]
de dentro (adv)	**indefra**	['enəˌfʁɑˀ]
a alguna parte	**et sted**	[et 'stɛð]
todo derecho (adv)	**ligeud**	['liːəˈuðˀ]
atrás (muévelo para ~)	**tilbage**	[te'bæːjə]
de alguna parte (adv)	**et eller andet sted fra**	[ed 'ɛlʌ 'anəð stɛð fʁɑˀ]
no se sabe de dónde	**fra et sted**	[fʁɑ ed 'stɛð]
primero (adv)	**for det første**	[fʌ de 'fœɐ̯stə]
segundo (adv)	**for det andet**	[fʌ de 'anəð]
tercero (adv)	**for det tredje**	[fʌ de 'tʁɛðjə]
de súbito (adv)	**pludseligt**	['plusəlit]
al principio (adv)	**i begyndelsen**	[i be'gɒnˀəlsən]
por primera vez	**for første gang**	[fʌ 'fœɐ̯stə gaŋˀ]
mucho tiempo antes …	**længe før …**	['lɛŋə føˀɐ̯ …]
de nuevo (adv)	**på ny**	[pɔ 'nyˀ]
para siempre (adv)	**for evigt**	[fʌ 'eːvið]
jamás, nunca (adv)	**aldrig**	['ɑldʁi]
de nuevo (adv)	**igen**	[i'gɛn]
ahora (adv)	**nu**	['nu]
frecuentemente (adv)	**ofte**	['ʌftə]
entonces (adv)	**da, dengang**	['da], ['dɛnˀˌgaŋˀ]
urgentemente (adv)	**omgående**	['ʌmˌgɔˀənə]
usualmente (adv)	**vanligvis**	['væːnliˌviˀs]
a propósito, …	**for resten …**	[fʌ 'ʁastən …]
es probable	**muligt, muligvis**	['muːlit], ['muːliˌviˀs]
probablemente (adv)	**sandsynligvis**	[san'syˀnliˌviˀs]
tal vez	**måske**	[mɔ'skeˀ]
además …	**desuden, …**	[des'uːðən, …]
por eso …	**derfor …**	['dɛˀɐ̯fʌ …]
a pesar de …	**på trods af …**	[pɔ 'tʁʌs æˀ …]
gracias a …	**takket være …**	['tɑkəð ˌvɛˀʌ …]
qué (pron)	**hvad**	['vaðˀ]
que (conj)	**at**	[at]
algo (~ le ha pasado)	**noget**	['nɔːəð]
algo (~ así)	**noget**	['nɔːəð]
nada (f)	**ingenting**	['eŋən'teŋˀ]
quien	**hvem**	['vɛmˀ]
alguien (viene ~)	**nogen**	['noən]
alguien (¿ha llamado ~?)	**nogen**	['noən]
nadie	**ingen**	['eŋən]
a ninguna parte	**ingen steder**	['eŋən ˌstɛːðʌ]

| de nadie | ingens | ['eŋəns] |
| de alguien | nogens | ['noəns] |

tan, tanto (adv)	så	['sʌ]
también (~ habla francés)	også	['ʌsə]
también (p.ej. Yo ~)	også	['ʌsə]

6. Las palabras útiles. Los adverbios. Unidad 2

¿Por qué?	Hvorfor?	['vɔfʌ]
no se sabe porqué	af en eller anden grund	[a en 'ɛlʌ 'anən 'gʁɔnˀ]
porque …	fordi …	[fʌ'diˀ …]
por cualquier razón (adv)	af en eller anden grund	[a en 'ɛlʌ 'anən 'gʁɔnˀ]

y (p.ej. uno y medio)	og	[ʌ]
o (p.ej. té o café)	eller	[ɛlʌ]
pero (p.ej. me gusta, ~)	men	['mɛn]
para (p.ej. es para ti)	for, til	[fʌ], [tel]

demasiado (adv)	for, alt for	[fʌ], ['alˀt fʌ]
sólo, solamente (adv)	bare, kun	['bɑːɑ], ['kɔn]
exactamente (adv)	præcis	[pʁɛ'siˀs]
unos …,	cirka	['siɡka]
cerca de … (~ 10 kg)		

aproximadamente	omtrent	[ʌm'tʁanˀt]
aproximado (adj)	omtrentlig	[ʌm'tʁanˀtli]
casi (adv)	næsten	['nɛstən]
resto (m)	rest (f)	['ʁast]

el otro (adj)	den anden	[dən 'anən]
otro (p.ej. el otro día)	andre	['andʁʌ]
cada (adj)	hver	['vɛ'ɡ̊]
cualquier (adj)	hvilken som helst	['velkən sʌm 'hɛlˀst]
mucho (adv)	megen, meget	['majən], ['mɑɑð]
muchos (mucha gente)	mange	['maŋə]
todos	alle	['alə]

a cambio de …	til gengæld for …	[tel 'gɛnˌgɛlˀ fʌ …]
en cambio (adv)	i stedet for	[i 'stɛðə fʌ]
a mano (hecho ~)	i hånden	[i 'hʌnən]
poco probable	næppe	['nɛpə]

probablemente	sandsynligvis	[san'syˀnliˌviˀs]
a propósito (adv)	med vilje, forsætlig	[mɛ 'viljə], [fʌ'sɛtli]
por accidente (adv)	tilfældigt	[te'fɛlˀdit]

muy (adv)	meget	['mɑɑð]
por ejemplo (adv)	for eksempel	[fʌ ɛk'sɛmˀpəl]
entre (~ nosotros)	imellem	[i'mɛlˀəm]

entre (~ otras cosas)	**blandt**	['blant]
tanto (~ gente)	**så meget**	['sʌ 'mɑɑð]
especialmente (adv)	**særligt**	['sæɐ̯lit]

BOOKS

NÚMEROS. MISCELÁNEA

T&P Books Publishing

cero	**nul**	['nɔl]
uno	**en**	['en]
dos	**to**	['toˀ]
tres	**tre**	['tʁɛˀ]
cuatro	**fire**	['fiˀʌ]
cinco	**fem**	['fɛmˀ]
seis	**seks**	['sɛks]
siete	**syv**	['sywˀ]
ocho	**otte**	['ɔ:tə]
nueve	**ni**	['niˀ]
diez	**ti**	['tiˀ]
once	**elleve**	['ɛlvə]
doce	**tolv**	['tʌlˀ]
trece	**tretten**	['tʁatən]
catorce	**fjorten**	['fjoɐtən]
quince	**femten**	['fɛmtən]
dieciséis	**seksten**	['sɑjstən]
diecisiete	**sytten**	['søtən]
dieciocho	**atten**	['atən]
diecinueve	**nitten**	['netən]
veinte	**tyve**	['ty:və]
veintiuno	**enogtyve**	['e:nʌˌty:və]
veintidós	**toogtyve**	['to:ʌˌty:və]
veintitrés	**treogtyve**	['tʁɛ:ʌˌty:və]
treinta	**tredive**	['tʁaðvə]
treinta y uno	**enogtredive**	['e:nʌˌtʁaðvə]
treinta y dos	**toogtredive**	['to:ʌˌtʁaðvə]
treinta y tres	**treogtredive**	['tʁɛ:ʌˌtʁaðvə]
cuarenta	**fyrre**	['fœɐʌ]
cuarenta y uno	**enogfyrre**	['e:nʌˌfœɐʌ]
cuarenta y dos	**toogfyrre**	['to:ʌˌfœɐʌ]
cuarenta y tres	**treogfyrre**	['tʁɛ:ʌˌfœɐʌ]
cincuenta	**halvtreds**	[hal'tʁɛs]
cincuenta y uno	**enoghalvtreds**	['e:nʌ hal'tʁɛs]
cincuenta y dos	**tooghalvtreds**	['to:ʌ hal'tʁɛs]
cincuenta y tres	**treoghalvtreds**	['tʁɛ:ʌ hal'tʁɛs]
sesenta	**tres**	['tʁɛs]

sesenta y uno	enogtres	[ˈeːnʌˌtʁɛs]
sesenta y dos	toogtres	[ˈtoːʌˌtʁɛs]
sesenta y tres	treogtres	[ˈtʁɛːʌˌtʁɛs]

setenta	halvfjerds	[halˈfjæɐ̯s]
setenta y uno	enoghalvfjerds	[ˈeːnʌ halˈfjæɐ̯s]
setenta y dos	tooghalvfjerds	[ˈtoːʌ halˈfjæɐ̯s]
setenta y tres	treoghalvfjerds	[ˈtʁɛːʌ halˈfjæɐ̯s]

ochenta	firs	[ˈfiɐ̯ˀs]
ochenta y uno	enogfirs	[ˈeːnʌˈfiɐ̯ˀs]
ochenta y dos	toogfirs	[ˈtoːʌˌfiɐ̯ˀs]
ochenta y tres	treogfirs	[ˈtʁɛːʌˌfiɐ̯ˀs]

noventa	halvfems	[halˈfɛmˀs]
noventa y uno	enoghalvfems	[ˈeːnʌ halˌfɛmˀs]
noventa y dos	tooghalvfems	[ˈtoːʌ halˌfɛmˀs]
noventa y tres	treoghalvfems	[ˈtʁɛːʌ halˌfɛmˀs]

8. Números cardinales. Unidad 2

cien	hundrede	[ˈhunʌðə]
doscientos	tohundrede	[ˈtɔwˌhunʌðə]
trescientos	trehundrede	[ˈtʁɛˌhunʌðə]
cuatrocientos	firehundrede	[ˈfiɐ̯ˌhunʌðə]
quinientos	femhundrede	[ˈfɛmˌhunʌðə]

seiscientos	sekshundrede	[ˈsɛksˌhunʌðə]
setecientos	syvhundrede	[ˈsywˌhunʌðə]
ochocientos	ottehundrede	[ˈɔːtəˌhunʌðə]
novecientos	nihundrede	[ˈniˌhunʌðə]

mil	tusind	[ˈtuˀsən]
dos mil	totusind	[ˈtoˌtuˀsən]
tres mil	tretusind	[ˈtʁɛˌtuˀsən]
diez mil	titusind	[ˈtiˌtuˀsən]
cien mil	hundredetusind	[ˈhunʌðəˌtuˀsən]
millón (m)	million (f)	[miliˈoˀn]
mil millones	milliard (f)	[miliˈɑˀd]

9. Números ordinales

primero (adj)	første	[ˈfœɐ̯stə]
segundo (adj)	anden	[ˈanən]
tercero (adj)	tredje	[ˈtʁɛðjə]
cuarto (adj)	fjerde	[ˈfjɛːʌ]
quinto (adj)	femte	[ˈfɛmtə]
sexto (adj)	sjette	[ˈɕɛːtə]

séptimo (adj)	**syvende**	['syw'ənə]
octavo (adj)	**ottende**	['ʌtənə]
noveno (adj)	**niende**	['ni'ənə]
décimo (adj)	**tiende**	['ti'ənə]

T&P BOOKS

LOS COLORES.
LAS UNIDADES DE MEDIDA

T&P Books Publishing

color (m)	**farve** (f)	['fɑ:və]
matiz (m)	**nuance** (f)	[ny'aŋsə]
tono (m)	**farvetone** (f)	['fɑ:və̩to:nə]
arco (m) iris	**regnbue** (f)	['ʁajn̩bu:ə]
blanco (adj)	**hvid**	['við̩]
negro (adj)	**sort**	['soɐ̯t]
gris (adj)	**grå**	['gʁɔ̩]
verde (adj)	**grøn**	['gʁœn̩]
amarillo (adj)	**gul**	['gu̩l]
rojo (adj)	**rød**	['ʁœð̩]
azul (adj)	**blå**	['blɔ̩]
azul claro (adj)	**lyseblå**	['lysə̩blɔ̩]
rosa (adj)	**rosa**	['ʁo:sa]
naranja (adj)	**orange**	[o'ʁɑŋɕə]
violeta (adj)	**violblå**	[vi'ol̩blɔ̩]
marrón (adj)	**brun**	['bʁu̩n]
dorado (adj)	**guld-**	['gul-]
argentado (adj)	**sølv-**	['søl-]
beige (adj)	**beige**	['bɛ:ɕ]
crema (adj)	**cremefarvet**	['kʁɛ:m̩fɑ̩vəð]
turquesa (adj)	**turkis**	[tyɐ̯'ki̩s]
rojo cereza (adj)	**kirsebærrød**	['kiɐ̯səbæɐ̯ʁœð̩]
lila (adj)	**lilla**	['lela]
carmesí (adj)	**hindbærrød**	['henbæɐ̯ʁœð̩]
claro (adj)	**lys**	['ly̩s]
oscuro (adj)	**mørk**	['mœɐ̯k]
vivo (adj)	**klar**	['klɑ̩]
de color (lápiz ~)	**farve-**	['fɑ:və-]
en colores (película ~)	**farve**	['fɑ:və]
blanco y negro (adj)	**sort-hvid**	['soɐ̯t'við̩]
unicolor (adj)	**ensfarvet**	['ens̩fɑ̩vəð]
multicolor (adj)	**mangefarvet**	['maŋə̩fɑ:vəð]

peso (m)	**vægt** (f)	['vɛgt]
longitud (f)	**længde** (f)	['lɛŋ̩də]

anchura (f)	bredde (f)	['bʁɛˀdə]
altura (f)	højde (f)	['hʌjˀdə]
profundidad (f)	dybde (f)	['dybdə]
volumen (m)	rumfang (i)	['ʁɔmˌfɑŋˀ]
área (f)	areal (i)	[ˌɑːeˈæˀl]

gramo (m)	gram (i)	['gʁɑmˀ]
miligramo (m)	milligram (i)	['miliˌgʁɑmˀ]
kilogramo (m)	kilogram (i)	['kiloˌgʁɑmˀ]
tonelada (f)	ton (i, f)	['tʌnˀ]
libra (f)	pund (i)	['punˀ]
onza (f)	ounce (f)	['ɑwns]

metro (m)	meter (f)	['meˀtʌ]
milímetro (m)	millimeter (f)	['miliˌmeˀtʌ]
centímetro (m)	centimeter (f)	['sɛntiˌmeˀtʌ]
kilómetro (m)	kilometer (f)	['kiloˌmeˀtʌ]
milla (f)	mil (f)	['miˀl]

pulgada (f)	tomme (f)	['tʌmə]
pie (m)	fod (f)	['foˀð]
yarda (f)	yard (f)	['jɑːd]

metro (m) cuadrado	kvadratmeter (f)	[kvaˈdʁɑˀtˌmeˀtʌ]
hectárea (f)	hektar (f)	[hɛkˈtɑˀ]
litro (m)	liter (f)	['litʌ]
grado (m)	grad (f)	['gʁɑˀð]
voltio (m)	volt (f)	['vʌlˀt]
amperio (m)	ampere (f)	[ɑmˈpɛːɐ̯]
caballo (m) de fuerza	hestekraft (f)	['hɛstəˌkʁɑft]

cantidad (f)	mængde (f)	['mɛŋˀdə]
un poco de …	lidt …	['let …]
mitad (f)	halvdel (f)	['haldeˀl]
docena (f)	dusin (i)	[duˈsiˀn]
pieza (f)	stykke (i)	['støkə]

| dimensión (f) | størrelse (f) | ['stœʁʌlsə] |
| escala (f) (del mapa) | målestok (f) | ['mɔːləˌstʌk] |

mínimo (adj)	minimal	[miniˈmæˀl]
el más pequeño (adj)	mindst	['menˀst]
medio (adj)	middel	['miðˀəl]
máximo (adj)	maksimal	[mɑksiˈmæˀl]
el más grande (adj)	størst	['stœʁst]

12. Contenedores

| tarro (m) de vidrio | glaskrukke (f) | ['glasˌkʁɔkə] |
| lata (f) | dåse (f) | ['dɔːsə] |

cubo (m)	**spand** (f)	['span']
barril (m)	**tønde** (f)	['tønə]
palangana (f)	**balje** (f)	['baljə]
tanque (m)	**tank** (f)	['taŋ'k]
petaca (f) (de alcohol)	**lommelærke** (f)	['lʌmə,læɐ̯kə]
bidón (m) de gasolina	**dunk** (f)	['dɔŋ'k]
cisterna (f)	**tank** (f)	['taŋ'k]
taza (f) (mug de cerámica)	**krus** (i)	['kʁu's]
taza (f) (~ de café)	**kop** (f)	['kʌp]
platillo (m)	**underkop** (f)	['ɔnʌ,kʌp]
vaso (m) (~ de agua)	**glas** (i)	['glas]
copa (f) (~ de vino)	**vinglas** (i)	['vi:n,glas]
olla (f)	**gryde** (f)	['gʁy:ðə]
botella (f)	**flaske** (f)	['flaskə]
cuello (m) de botella	**flaskehals** (f)	['flaskə,hal's]
garrafa (f)	**karaffel** (f)	[ka'ʁɑfəl]
jarro (m) (~ de agua)	**kande** (f)	['kanə]
recipiente (m)	**beholder** (f)	[be'hʌl'ʌ]
tarro (m)	**potte** (f)	['pʌtə]
florero (m)	**vase** (f)	['væ:sə]
frasco (m) (~ de perfume)	**flakon** (f)	[fla'kʌŋ]
frasquito (m)	**flaske** (f)	['flaskə]
tubo (m)	**tube** (f)	['tu:bə]
saco (m) (~ de azúcar)	**sæk** (f)	['sɛk]
bolsa (f) (~ plástica)	**pose** (f)	['po:sə]
paquete (m) (~ de cigarrillos)	**pakke** (f)	['pakə]
caja (f)	**æske** (f)	['ɛskə]
cajón (m) (~ de madera)	**kasse** (f)	['kasə]
cesta (f)	**kurv** (f)	['kuɐ̯'w]

T&P BOOKS

LOS VERBOS MÁS IMPORTANTES

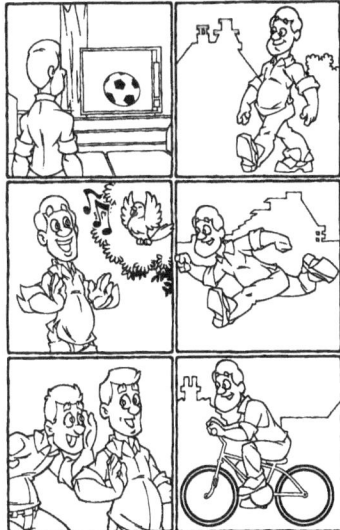

T&P Books Publishing

abrir (vt)	at åbne	[ʌ 'ɔ:bnə]
acabar, terminar (vt)	at slutte	[ʌ 'slutə]
aconsejar (vt)	at råde	[ʌ 'ʁɔ:ðə]
adivinar (vt)	at gætte	[ʌ 'gɛtə]
advertir (vt)	at advare	[ʌ 'aðˌvɑ'ɑ]
alabarse, jactarse (vr)	at prale	[ʌ 'pʁɑ:lə]
almorzar (vi)	at spise frokost	[ʌ 'spi:sə 'fʁɔkʌst]
alquilar (~ una casa)	at leje	[ʌ 'lɑjə]
amenazar (vt)	at true	[ʌ 'tʁu:ə]
arrepentirse (vr)	at beklage	[ʌ be'klæ'jə]
ayudar (vt)	at hjælpe	[ʌ 'jɛlpə]
bañarse (vr)	at bade	[ʌ 'bæ'ðə]
bromear (vi)	at spøge	[ʌ 'spø:jə]
buscar (vt)	at søge ...	[ʌ 'sø:ə ...]
caer (vi)	at falde	[ʌ 'falə]
callarse (vr)	at tie	[ʌ 'ti:ə]
cambiar (vt)	at ændre	[ʌ 'ɛndʁʌ]
castigar, punir (vt)	at straffe	[ʌ 'stʁɑfə]
cavar (vt)	at grave	[ʌ 'gʁɑ:və]
cazar (vi, vt)	at jage	[ʌ 'jæ:jə]
cenar (vi)	at spise aftensmad	[ʌ 'spi:sə 'ɑftənsˌmɑð]
cesar (vt)	at stoppe, at slutte	[ʌ 'stʌpə], [ʌ 'slutə]
coger (vt)	at fange	[ʌ 'faŋə]
comenzar (vt)	at begynde	[ʌ be'gøn'ə]
comparar (vt)	at sammenligne	[ʌ 'samənˌli'nə]
comprender (vt)	at forstå	[ʌ fʌ'stɔ']
confiar (vt)	at stole på	[ʌ 'sto:lə pɔ']
confundir (vt)	at forveksle	[ʌ fʌ'vɛkslə]
conocer (~ a alguien)	at kende	[ʌ 'kɛnə]
contar (vt) (enumerar)	at tælle	[ʌ 'tɛlə]
contar con ...	at regne med ...	[ʌ 'ʁɑjnə mɛ ...]
continuar (vt)	at fortsætte	[ʌ 'fɔ:tˌsɛtə]
controlar (vt)	at kontrollere	[ʌ kʌntʁo'le'ʌ]
correr (vi)	at løbe	[ʌ 'lø:bə]
costar (vt)	at koste	[ʌ 'kʌstə]
crear (vt)	at oprette, at skabe	[ʌ 'ʌbˌʁatə], [ʌ 'skæ:bə]

14. Los verbos más importantes. Unidad 2

dar (vt)	at give	[ʌ 'giˀ]
dar una pista	at give et vink	[ʌ 'giˀ et 'veŋˀk]
decir (vt)	at sige	[ʌ 'si:]
decorar (para la fiesta)	at pryde	[ʌ 'pʁy:ðə]
defender (vt)	at forsvare	[ʌ fʌ'svɑˀɑ]
dejar caer	at tabe	[ʌ 'tæ:bə]
desayunar (vi)	at spise morgenmad	[ʌ 'spi:sə 'mɒːɒnˌmɑð]
descender (vi)	at gå ned	[ʌ gɔˀ 'neðˀ]
dirigir (administrar)	at styre, at lede	[ʌ 'sty:ʌ], [ʌ 'le:ðə]
disculpar (vt)	at tilgive	[ʌ 'telˌgiˀ]
disculparse (vr)	at undskylde sig	[ʌ 'ɒnˌskylˀə sɑj]
discutir (vt)	at diskutere	[ʌ disku'teˀʌ]
dudar (vt)	at tvivle	[ʌ 'tviwlə]
encontrar (hallar)	at finde	[ʌ 'fenə]
engañar (vi, vt)	at snyde	[ʌ 'sny:ðə]
entrar (vi)	at komme ind	[ʌ 'kʌmə ˌenˀ]
enviar (vt)	at sende	[ʌ 'sɛnə]
equivocarse (vr)	at tage fejl	[ʌ 'tæˀ fɑjˀl]
escoger (vt)	at vælge	[ʌ 'vɛljə]
esconder (vt)	at gemme	[ʌ 'gɛmə]
escribir (vt)	at skrive	[ʌ 'skʁi:və]
esperar (aguardar)	at vente	[ʌ 'vɛntə]
esperar (tener esperanza)	at håbe	[ʌ 'hɔ:bə]
estar de acuerdo	at samtykke	[ʌ 'sɑmˌtykə]
estudiar (vt)	at studere	[ʌ stu'deˀʌ]
exigir (vt)	at kræve	[ʌ 'kʁɛ:və]
existir (vi)	at eksistere	[ʌ ɛksi'steˀʌ]
explicar (vt)	at forklare	[ʌ fʌ'klɑˀɑ]
faltar (a las clases)	at forsømme	[ʌ fʌ'sœmˀə]
firmar (~ el contrato)	at underskrive	[ʌ 'ɒnʌˌskʁiˀvə]
girar (~ a la izquierda)	at svinge	[ʌ 'sveŋə]
gritar (vi)	at skrige	[ʌ 'skʁi:ə]
guardar (conservar)	at beholde	[ʌ be'hʌlˀə]
gustar (vi)	at kunne lide	[ʌ 'kunə 'li:ðə]
hablar (vi, vt)	at tale	[ʌ 'tæ:lə]
hacer (vt)	at gøre	[ʌ 'gœ:ʌ]
informar (vt)	at informere	[ʌ enfɒ'meˀʌ]
insistir (vi)	at insistere	[ʌ ensi'steˀʌ]
insultar (vt)	at fornærme	[ʌ fʌ'næɐ̯ˀmə]
interesarse (vr)	at interessere sig	[ʌ entʁæ'seˀʌ sɑj]
invitar (vt)	at indbyde, at invitere	[ʌ 'enˌby'ðə], [ʌ envi'teˀʌ]

| ir (a pie) | at gå | [ʌ 'gɔˀ] |
| jugar (divertirse) | at lege | [ʌ 'lɑjə] |

15. Los verbos más importantes. Unidad 3

leer (vi, vt)	at læse	[ʌ 'lɛːsə]
liberar (ciudad, etc.)	at befri	[ʌ be'fʁiˀ]
llamar (por ayuda)	at tilkalde	[ʌ 'telˌkalˀə]
llegar (vi)	at ankomme	[ʌ 'anˌkʌmˀə]
llorar (vi)	at græde	[ʌ 'gʁaːðə]

matar (vt)	at dræbe, at myrde	[ʌ 'dʁɛːbə], [ʌ 'myɐ̯də]
mencionar (vt)	at omtale, at nævne	[ʌ 'ʌmˌtæːlə], [ʌ 'nɛwnə]
mostrar (vt)	at vise	[ʌ 'viːsə]
nadar (vi)	at svømme	[ʌ 'svœmə]

negarse (vr)	at vægre sig	[ʌ 'vɛːjʁʌ saj]
objetar (vt)	at indvende	[ʌ 'enˀˌvɛnˀə]
observar (vt)	at observere	[ʌ ʌbsæɐ̯'veˀʌ]
oír (vt)	at høre	[ʌ 'høːʌ]

olvidar (vt)	at glemme	[ʌ 'glɛmə]
orar (vi)	at bede	[ʌ 'beˀðə]
ordenar (mil.)	at beordre	[ʌ be'ɒˀdʁʌ]
pagar (vi, vt)	at betale	[ʌ be'tæˀlə]
pararse (vr)	at standse	[ʌ 'stansə]

participar (vi)	at deltage	[ʌ 'delˌtæˀ]
pedir (ayuda, etc.)	at bede	[ʌ 'beˀðə]
pedir (en restaurante)	at bestille	[ʌ be'stelˀə]
pensar (vi, vt)	at tænke	[ʌ 'tɛŋkə]

percibir (ver)	at bemærke	[ʌ be'mæɐ̯kə]
perdonar (vt)	at tilgive	[ʌ 'telˌgiˀ]
permitir (vt)	at tillade	[ʌ 'teˌlæˀðə]
pertenecer a ...	at tilhøre ...	[ʌ 'telˌhøˀʌ ...]

planear (vt)	at planlægge	[ʌ 'plæːnˌlɛgə]
poder (v aux)	at kunne	[ʌ 'kunə]
poseer (vt)	at besidde, at eje	[ʌ be'siðˀə], [ʌ 'ɑjə]
preferir (vt)	at foretrække	[ʌ fɒ:ɒ'tʁakə]
preguntar (vt)	at spørge	[ʌ 'spœɐ̯ʌ]

preparar (la cena)	at lave	[ʌ 'læːvə]
prever (vt)	at forudse	[ʌ 'fɒuðˌseˀ]
probar, tentar (vt)	at prøve	[ʌ 'pʁœːwə]
prometer (vt)	at love	[ʌ 'lɔːvə]
pronunciar (vt)	at udtale	[ʌ 'uðˌtæːlə]
proponer (vt)	at foreslå	[ʌ 'fɒ:ɒˌslɔˀ]
quebrar (vt)	at bryde	[ʌ 'bʁyːðə]

quejarse (vr)	at klage	[ʌ ˈklæːjə]
querer (amar)	at elske	[ʌ ˈɛlskə]
querer (desear)	at ville	[ʌ ˈvilə]

16. Los verbos más importantes. Unidad 4

recomendar (vt)	at anbefale	[ʌ ˈanbeˌfæˀlə]
regañar, reprender (vt)	at skælde	[ʌ ˈskɛlə]
reírse (vr)	at le, at grine	[ʌ ˈleˀ], [ʌ ˈgʁiːnə]
repetir (vt)	at gentage	[ʌ ˈgɛnˌtæˀ]
reservar (~ una mesa)	at reservere	[ʌ ʁɛsæɐ̯ˈveˀʌ]
responder (vi, vt)	at svare	[ʌ ˈsvɑːɑ]

robar (vt)	at stjæle	[ʌ ˈstjɛːlə]
saber (~ algo mas)	at vide	[ʌ ˈviːðə]
salir (vi)	at gå ud	[ʌ ˈgɔˀ uðˀ]
salvar (vt)	at redde	[ʌ ˈʁɛðə]
seguir ...	at følge efter ...	[ʌ ˈføljə ˈɛftʌ ...]
sentarse (vr)	at sætte sig	[ʌ ˈsɛtə sɑj]

ser necesario	at være behøvet	[ʌ ˈvɛːʌ beˈhøˀvəð]
ser, estar (vi)	at være	[ʌ ˈvɛːʌ]
significar (vt)	at betyde	[ʌ beˈtyˀðə]
sonreír (vi)	at smile	[ʌ ˈsmiːlə]
sorprenderse (vr)	at blive forundret	[ʌ ˈbliːə fʌˈɔnˀdʁʌð]

subestimar (vt)	at undervurdere	[ʌ ˈɔnʌvuɐ̯ˈdeˀʌ]
tener (vt)	at have	[ʌ ˈhæːvə]
tener hambre	at være sulten	[ʌ ˈvɛːʌ ˈsultən]
tener miedo	at frygte	[ʌ ˈfʁœgtə]

tener prisa	at skynde sig	[ʌ ˈskønə sɑj]
tener sed	at være tørstig	[ʌ ˈvɛːʌ ˈtœɐ̯sti]
tirar, disparar (vi)	at skyde	[ʌ ˈskyːðə]
tocar (con las manos)	at røre	[ʌ ˈʁœːʌ]
tomar (vt)	at tage	[ʌ ˈtæˀ]
tomar nota	at skrive ned	[ʌ ˈskʁiːvə ˈneðˀ]

trabajar (vi)	at arbejde	[ʌ ˈɑːˌbɑjˀdə]
traducir (vt)	at oversætte	[ʌ ˈɔwʌˌsɛtə]
unir (vt)	at forene	[ʌ fʌˈenə]
vender (vt)	at sælge	[ʌ ˈsɛljə]
ver (vt)	at se	[ʌ ˈseˀ]
volar (pájaro, avión)	at flyve	[ʌ ˈflyːvə]

LA HORA. EL CALENDARIO

T&P Books Publishing

lunes (m)	**mandag** (f)	['man'da]
martes (m)	**tirsdag** (f)	['tiɐ̯'sda]
miércoles (m)	**onsdag** (f)	['ɔn'sda]
jueves (m)	**torsdag** (f)	['tɒ'sda]
viernes (m)	**fredag** (f)	['fʁɛ'da]
sábado (m)	**lørdag** (f)	['lœɐ̯da]
domingo (m)	**søndag** (f)	['sœn'da]

hoy (adv)	**i dag**	[i 'dæ']
mañana (adv)	**i morgen**	[i 'mɒːɒn]
pasado mañana	**i overmorgen**	[i 'ɒwʌˌmɒːɒn]
ayer (adv)	**i går**	[i 'gɒ']
anteayer (adv)	**i forgårs**	[i 'fɒːˌgɒ's]

día (m)	**dag** (f)	['dæ']
día (m) de trabajo	**arbejdsdag** (f)	['ɑːbɒjdsˌdæ']
día (m) de fiesta	**festdag** (f)	['fɛstˌdæ']
día (m) de descanso	**fridag** (f)	['fʁidæ']
fin (m) de semana	**weekend** (f)	['wiːˌkɛnd]

todo el día	**hele dagen**	['heːlə 'dæ'ən]
al día siguiente	**næste dag**	['nɛstə dæ']
dos días atrás	**for to dage siden**	[fʌ to' 'dæ'ə 'siðən]
en vísperas (adv)	**dagen før**	['dæ'ən fʌ]
diario (adj)	**daglig**	['dɑwli]
cada día (adv)	**hver dag**	['vɛɐ̯ 'dæ']

semana (f)	**uge** (f)	['uːə]
semana (f) pasada	**sidste uge**	[i 'sistə 'uːə]
semana (f) que viene	**i næste uge**	[i 'nɛstə 'uːə]
semanal (adj)	**ugentlig**	['uːəntli]
cada semana (adv)	**hver uge**	['vɛɐ̯ 'uːə]
2 veces por semana	**to gange om ugen**	['to: 'gɑŋə ɒm 'uːən]
todos los martes	**hver tirsdag**	['vɛɐ̯ ˌtiɐ̯'sda]

mañana (f)	**morgen** (f)	['mɒːɒn]
por la mañana	**om morgenen**	[ʌm 'mɒːɒnən]
mediodía (m)	**middag** (f)	['meda]
por la tarde	**om eftermiddagen**	[ʌm 'ɛftʌmeˌdæ'ən]
noche (f)	**aften** (f)	['ɑftən]

por la noche	om aftenen	[ʌm 'aftənən]
noche (f) (p.ej. 2:00 a.m.)	nat (f)	['nat]
por la noche	om natten	[ʌm 'natən]
medianoche (f)	midnat (f)	['mið,nat]

segundo (m)	sekund (i)	[se'kɔnˀd]
minuto (m)	minut (i)	[me'nut]
hora (f)	time (f)	['ti:mə]
media hora (f)	en halv time	[en 'halˀ 'ti:mə]
cuarto (m) de hora	kvart (f)	['kvɑːt]
quince minutos	femten minutter	['fɛmtən me'nutʌ]
veinticuatro horas	døgn (i)	['dʌjˀn]

salida (f) del sol	solopgang (f)	['soːl 'ʌp,gɑŋˀ]
amanecer (m)	daggry (i)	['dɑw,gʁyː]
madrugada (f)	tidlig morgen (f)	['tiðli 'mɔːɒn]
puesta (f) del sol	solnedgang (f)	['soːl 'neð,gɑŋˀ]

de madrugada	tidligt om morgenen	['tiðlit ʌm 'mɔːɒnən]
esta mañana	i morges	[i 'mɔːɒs]
mañana por la mañana	i morgen tidlig	[i 'mɔːɒn 'tiðli]

esta tarde	i eftermiddag	[i 'ɛftʌme,dæˀ]
por la tarde	om eftermiddagen	[ʌm 'ɛftʌme,dæˀən]
mañana por la tarde	i morgen eftermiddag	[i 'mɔːɒn 'ɛftʌme,dæˀ]

| esta noche (p.ej. 8:00 p.m.) | i aften | [i 'ɑftən] |
| mañana por la noche | i morgen aften | [i 'mɔːɒn 'ɑftən] |

a las tres en punto	klokken tre præcis	['klʌkən tʁɛ pʁɛ'siˀs]
a eso de las cuatro	ved fire tiden	[ve 'fiˀʌ 'tiðən]
para las doce	ved 12-tiden	[ve 'tʌl 'tiðən]

dentro de veinte minutos	om 20 minutter	[ʌm 'tyːvə me'nutʌ]
dentro de una hora	om en time	[ʌm en 'ti:mə]
a tiempo (adv)	i tide	[i 'ti:ðə]

… menos cuarto	kvart i …	['kvɑːt i …]
durante una hora	inden for en time	['enənˀfʌ en 'ti:mə]
cada quince minutos	hvert 15 minut	['vɛˀɡt 'fɛmtən me'nut]
día y noche	døgnet rundt	['dʌjnəð 'ʁɔnˀt]

19. Los meses. Las estaciones

enero (m)	januar (f)	['janu,ɑˀ]
febrero (m)	februar (f)	['febʁu,ɑˀ]
marzo (m)	marts (f)	['mɑːts]
abril (m)	april (f)	[a'pʁiˀl]
mayo (m)	maj (f)	['mɑjˀ]

junio (m)	juni (f)	['juˀni]
julio (m)	juli (f)	['juˀli]
agosto (m)	august (f)	[ɑw'gɔst]
septiembre (m)	september (f)	[sep'tɛmˀbʌ]
octubre (m)	oktober (f)	[ok'toˀbʌ]
noviembre (m)	november (f)	[no'vɛmˀbʌ]
diciembre (m)	december (f)	[de'sɛmˀbʌ]

primavera (f)	forår (i)	['fɒːˌɒˀ]
en primavera	om foråret	[ʌm 'fɒːˌɒˀð]
de primavera (adj)	forårs-	['fɒːɒs-]

verano (m)	sommer (f)	['sʌmʌ]
en verano	om sommeren	[ʌm 'sʌmʌən]
de verano (adj)	sommer-	['sʌmʌ-]

otoño (m)	efterår (i)	['ɛftʌˌɒˀ]
en otoño	om efteråret	[ʌm 'ɛftʌˌɒˀð]
de otoño (adj)	efterårs-	['ɛftʌˌɒs-]

invierno (m)	vinter (f)	['venˀtʌ]
en invierno	om vinteren	[ʌm 'venˀtʌən]
de invierno (adj)	vinter-	['ventʌ-]

mes (m)	måned (f)	['mɔːnəð]
este mes	i denne måned	[i 'dɛnə 'mɔːnəð]
al mes siguiente	næste måned	['nɛstə 'mɔːnəð]
el mes pasado	sidste måned	['sistə 'mɔːnəð]

hace un mes	for en måned siden	[fʌ en 'mɔːnəð 'siðən]
dentro de un mes	om en måned	[ʌm en 'mɔːnəð]
dentro de dos meses	om 2 måneder	[ʌm to 'mɔːnəðʌ]
todo el mes	en hel måned	[en 'heːl 'mɔːnəð]
todo un mes	hele måneden	['heːlə 'mɔːnəðən]

mensual (adj)	månedlig	['mɔːnəðli]
mensualmente (adv)	månedligt	['mɔːnəðlit]
cada mes	hver måned	['vɛɡ 'mɔːnəð]
dos veces por mes	to gange om måneden	['toː 'gɑŋə ɒm 'mɔːnəðən]

año (m)	år (i)	['ɒˀ]
este año	i år	[i 'ɒˀ]
el próximo año	næste år	['nɛstə ɒˀ]
el año pasado	i fjor	[i 'fjoˀɡ]

hace un año	for et år siden	[fʌ ed ɒˀ 'siðən]
dentro de un año	om et år	[ʌm et 'ɒˀ]
dentro de dos años	om 2 år	[ʌm to 'ɒˀ]
todo el año	hele året	['heːlə 'ɒːɒð]
todo un año	hele året	['heːlə 'ɒːɒð]
cada año	hvert år	['vɛˀɡt ɒˀ]
anual (adj)	årlig	['ɒːli]

anualmente (adv)	**årligt**	['ɔːlit]
cuatro veces por año	**fire gange om året**	['fiʔʌ 'gɑŋə ɒm 'ɒːɒð]
fecha (f) (la ~ de hoy es …)	**dato** (f)	['dæːto]
fecha (f) (~ de entrega)	**dato** (f)	['dæːto]
calendario (m)	**kalender** (f)	[kaˈlɛnʔʌ]
medio año (m)	**et halvt år**	[et halʔt 'ɒʔ]
seis meses	**halvår** (i)	['halv̩ɒʔ]
estación (f)	**årstid** (f)	['ɒːsˌtiðʔ]
siglo (m)	**århundrede** (i)	[ɒˈhunʁʌðə]

EL VIAJE. EL HOTEL

T&P Books Publishing

turismo (m)	**turisme** (f)	[tu'ʁismə]
turista (m)	**turist** (f)	[tu'ʁist]
viaje (m)	**rejse** (f)	['ʁɑjsə]
aventura (f)	**eventyr** (i)	['ɛːvən̩ˌtyɡ̊ˀ]
viaje (m) (p.ej. ~ en coche)	**rejse** (f)	['ʁɑjsə]
vacaciones (f pl)	**ferie** (f)	['feɡ̊ˀiə]
estar de vacaciones	**at holde ferie**	[ʌ 'hʌlə 'feɡ̊ˀiə]
descanso (m)	**ophold** (i), **hvile** (f)	['ʌpˌhʌlˀ], ['viːlə]
tren (m)	**tog** (i)	['tɔˀw]
en tren	**med tog**	[mɛ 'tɔˀw]
avión (m)	**fly** (i)	['flyˀ]
en avión	**med fly**	[mɛ 'flyˀ]
en coche	**med bil**	[mɛ 'biˀl]
en barco	**med skib**	[mɛ 'skiˀb]
equipaje (m)	**bagage** (f)	[ba'gæːɕə]
maleta (f)	**kuffert** (f)	['kɔfʌt]
carrito (m) de equipaje	**bagagevogn** (f)	[ba'gæːɕəˌvɒwˀn]
pasaporte (m)	**pas** (i)	['pas]
visado (m)	**visum** (i)	['viːsɔm]
billete (m)	**billet** (f)	[bi'lɛt]
billete (m) de avión	**flybillet** (f)	['fly bi'lɛt]
guía (f) (libro)	**rejsehåndbog** (f)	['ʁɑjsəˌhʌnbɔˀw]
mapa (m)	**kort** (i)	['kɒːt]
área (f) (~ rural)	**område** (i)	['ʌmˌʁɒːðə]
lugar (m)	**sted** (i)	['stɛð]
exótico (adj)	**eksotisk**	[ɛk'soˀtisk]
asombroso (adj)	**forunderlig**	[fʌ'ɔnˀʌli]
grupo (m)	**gruppe** (f)	['gʁupə]
excursión (f)	**udflugt** (f)	['uðˌflɔgt]
guía (m) (persona)	**guide** (f)	['gɑjd]

hotel (m)	**hotel** (i)	[ho'tɛlˀ]
motel (m)	**motel** (i)	[mo'tɛlˀ]

de tres estrellas	trestjernet	['tʁɛˌstjæɐ̯ˀnəð]
de cinco estrellas	femstjernet	['fɛmˌstjæɐ̯ˀnəð]
hospedarse (vr)	at bo	[ʌ 'boˀ]
habitación (f)	værelse (i)	['væɐ̯ʌlsə]
habitación (f) individual	enkeltværelse (i)	['ɛŋˀkəltˌvæɐ̯ʌlsə]
habitación (f) doble	dobbeltværelse (i)	['dʌbəltˌvæɐ̯ʌlsə]
reservar una habitación	at booke et værelse	[ʌ 'bukə et 'væɐ̯ʌlsə]
media pensión (f)	halvpension (f)	['halˀ paŋˈɕoˀn]
pensión (f) completa	helpension (f)	['heˀl paŋˈɕoˀn]
con baño	med badekar	[mɛ 'bæːðəˌka]
con ducha	med brusebad	[mɛ 'bʁuːsəˌbað]
televisión (f) satélite	satellit-tv (i)	[satə'lit 'teˀˌve']
climatizador (m)	klimaanlæg (i)	['kliːma'anˌlɛˀg]
toalla (f)	håndklæde (i)	['hʌnˌklɛːðə]
llave (f)	nøgle (f)	['nʌjlə]
administrador (m)	administrator (f)	[aðminiˈstʁɑːtʌ]
camarera (f)	stuepige (f)	['stuəˌpiːə]
maletero (m)	drager (f)	['dʁɑːwʌ]
portero (m)	portier (f)	[pɒ'tje]
restaurante (m)	restaurant (f)	[ʁɛsto'ʁɑŋ]
bar (m)	bar (f)	['baˀ]
desayuno (m)	morgenmad (f)	['mɒːɒnˌmað]
cena (f)	aftensmad (f)	['aftənsˌmað]
buffet (m) libre	buffet (f)	[by'fe]
vestíbulo (m)	hall, lobby (f)	['hɒːl], ['lʌbi]
ascensor (m)	elevator (f)	[elə'væːtʌ]
NO MOLESTAR	VIL IKKE FORSTYRRES	['vel 'ekə fʌ'styɐ̯ˀʌs]
PROHIBIDO FUMAR	RYGNING FORBUDT	['ʁyːnɛŋ fʌ'byˀð]

22. El turismo. La excursión

monumento (m)	monument (i)	[monuˈmɛnˀt]
fortaleza (f)	fæstning (f)	['fɛstnɛŋ]
palacio (m)	palads (i)	[pa'las]
castillo (m)	slot (i), borg (f)	['slʌt], ['bɒˀw]
torre (f)	tårn (i)	['tɒˀn]
mausoleo (m)	mausoleum (i)	[mɑwso'lɛːɔm]
arquitectura (f)	arkitektur (f)	[ɑkitɛk'tuɐ̯ˀ]
medieval (adj)	middelalderlig	['miðəlˌalˀʌli]
antiguo (adj)	gammel	['gaməl]
nacional (adj)	national	[naɕo'næˀl]
conocido (adj)	kendt, berømt	['kɛnˀt], [be'ʁœmˀt]

turista (m)	**turist** (f)	[tuˈʁist]
guía (m) (persona)	**guide** (f)	[ˈgɑjd]
excursión (f)	**udflugt** (f)	[ˈuðˌflɔgt]
mostrar (vt)	**at vise**	[ʌ ˈviːsə]
contar (una historia)	**at fortælle**	[ʌ fʌˈtɛlˀə]
encontrar (hallar)	**at finde**	[ʌ ˈfenə]
perderse (vr)	**at gå vild**	[ʌ gɔˀ ˈvilˀ]
plano (m) (~ de metro)	**kort** (i)	[ˈkɒːt]
mapa (m) (~ de la ciudad)	**kort** (i)	[ˈkɒːt]
recuerdo (m)	**souvenir** (f)	[suvəˈniːɐ̯]
tienda (f) de regalos	**souvenirforretning** (f)	[suvəˈniːɐ̯ fʌˈʁatnen]
hacer fotos	**at fotografere**	[ʌ fotogʁɑˈfeˀʌ]
fotografiarse (vr)	**at blive fotograferet**	[ʌ ˈbliːə fotogʁɑːˈfeˀʌð]

T&P BOOKS

EL TRANSPORTE

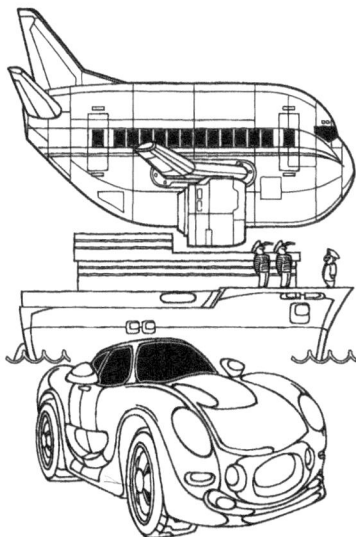

T&P Books Publishing

aeropuerto (m)	**lufthavn** (f)	['lɔft‚hɑw'n]
avión (m)	**fly** (i)	['fly']
compañía (f) aérea	**flyselskab** (i)	['fly'sɛl‚skæ'b]
controlador (m) aéreo	**flyveleder** (f)	['fly:və‚le:ðʌ]
despegue (m)	**afgang** (f)	['ɑw‚gɑŋ']
llegada (f)	**ankomst** (f)	['an‚kʌm'st]
llegar (en avión)	**at ankomme**	[ʌ 'an‚kʌm'ə]
hora (f) de salida	**afgangstid** (f)	['ɑwgɑŋs‚tið']
hora (f) de llegada	**ankomsttid** (f)	['ankʌm'st‚tið]
retrasarse (vr)	**at blive forsinke**	[ʌ 'bli:ə fʌ'sen'kə]
retraso (m) de vuelo	**afgangsforsinkelse** (f)	['ɑw‚gɑŋs fʌ'seŋkəlsə]
pantalla (f) de información	**informationstavle** (f)	[enfɒma'cɔns ‚tɑwlə]
información (f)	**information** (f)	[enfɒma'cɔ'n]
anunciar (vt)	**at meddele**	[ʌ 'mɛð‚de'lə]
vuelo (m)	**flight** (f)	['flɑjt]
aduana (f)	**told** (f)	['tʌl']
aduanero (m)	**toldbetjent** (f)	['tʌl be'tjɛn't]
declaración (f) de aduana	**tolddeklaration** (f)	['tʌl deklɑɑ‚cɔ'n]
rellenar (vt)	**at udfylde**	[ʌ 'uð‚fyl'ə]
rellenar la declaración	**at udfylde** **en tolddeklaration**	[ʌ 'uð‚fyl'ə en 'tʌl'deklɑɑ'cɔ'n]
control (m) de pasaportes	**paskontrol** (f)	['paskɔn‚tʀʌl']
equipaje (m)	**bagage** (f)	[ba'gæ:cə]
equipaje (m) de mano	**håndbagage** (f)	['hʌn ba'gæ:cə]
carrito (m) de equipaje	**bagagevogn** (f)	[ba'gæ:cə‚vɒw'n]
aterrizaje (m)	**landing** (f)	['lanen]
pista (f) de aterrizaje	**landingsbane** (f)	['laneŋs‚bæ:nə]
aterrizar (vi)	**at lande**	[ʌ 'lanə]
escaleras (f pl) (de avión)	**trappe** (f)	['tʀapə]
facturación (f) (check-in)	**check-in** (f)	[tjɛk'en]
mostrador (m) de facturación	**check-in-skranke** (f)	[tjɛk'en‚skʀaŋkə]
hacer el check-in	**at tjekke ind**	[ʌ 'tjɛkə 'en']
tarjeta (f) de embarque	**boardingkort** (i)	['bɒ:den‚kɒ:t]
puerta (f) de embarque	**gate** (f)	['gɛjt]

tránsito (m)	**transit** (f)	[tʁɑnˈsit]
esperar (aguardar)	**at vente**	[ʌ ˈvɛntə]
zona (f) de preembarque	**ventesal** (f)	[ˈvɛntəˌsæˀl]
despedir (vt)	**at vinke farvel**	[ʌ ˈveŋkə fɑˈvɛl]
despedirse (vr)	**at sige farvel**	[ʌ ˈsi: fɑˈvɛl]

24. El avión

avión (m)	**fly** (i)	[ˈflyˀ]
billete (m) de avión	**flybillet** (f)	[ˈfly biˈlɛt]
compañía (f) aérea	**flyselskab** (i)	[ˈflyˀsɛlˌskæˀb]
aeropuerto (m)	**lufthavn** (f)	[ˈlɔftˌhɑwˀn]
supersónico (adj)	**overlyds-**	[ˈɒwʌˌlyðs-]
comandante (m)	**kaptajn** (f)	[kɑpˈtɑjˀn]
tripulación (f)	**besætning** (f)	[beˈsɛtnɛŋ]
piloto (m)	**pilot** (f)	[piˈloˀt]
azafata (f)	**stewardesse** (f)	[stjuɑˈdɛsə]
navegador (m)	**styrmand** (f)	[ˈstyɐ̯ˌmanˀ]
alas (f pl)	**vinger** (f pl)	[ˈveŋʌ]
cola (f)	**hale** (f)	[ˈhæːlə]
cabina (f)	**cockpit** (i)	[ˈkʌkˌpit]
motor (m)	**motor** (f)	[ˈmoːtʌ]
tren (m) de aterrizaje	**landingshjul** (i)	[ˈlaneŋsˌjuˀl]
turbina (f)	**turbine** (f)	[tuɡ̊ˈbiːnə]
hélice (f)	**propel** (f)	[pʁoˈpɛlˀ]
caja (f) negra	**sort boks** (f)	[ˈsoɡ̊t ˈbʌks]
timón (m)	**rat** (i)	[ˈʁɑt]
combustible (m)	**brændstof** (i)	[ˈbʁɑnˌstʌf]
instructivo (m) de seguridad	**sikkerhedsinstruks** (f)	[ˈsekʌˌheðˀ enˈstʁuks]
respirador (m) de oxígeno	**iltmaske** (f)	[ˈiltˌmaskə]
uniforme (m)	**uniform** (f)	[uniˈfɒˀm]
chaleco (m) salvavidas	**redningsvest** (f)	[ˈʁɛðneŋsˌvɛst]
paracaídas (m)	**faldskærm** (f)	[ˈfalˌskæɡ̊ˀm]
despegue (m)	**start** (f)	[ˈstɑˀt]
despegar (vi)	**at lette**	[ʌ ˈlɛtə]
pista (f) de despegue	**startbane** (f)	[ˈstɑːtˌbæːnə]
visibilidad (f)	**sigtbarhed** (f)	[ˈsegtbɑˌheðˀ]
vuelo (m)	**flyvning** (f)	[ˈflywnɛŋ]
altura (f)	**højde** (f)	[ˈhʌjˀdə]
pozo (m) de aire	**lufthul** (i)	[ˈlɔftˌhɔl]
asiento (m)	**plads** (f)	[ˈplas]
auriculares (m pl)	**hovedtelefoner** (f pl)	[ˈhoːəð teleˈfoˀnʌ]
mesita (f) plegable	**klapbord** (i)	[ˈklɑpˌboˀɡ̊]

| ventana (f) | vindue (i) | ['vendu] |
| pasillo (m) | midtergang (f) | ['metʌ,gɑŋ'] |

25. El tren

tren (m)	tog (i)	['tɔ'w]
tren (m) de cercanías	lokaltog (i)	[lo'kæ'l,tɔ'w]
tren (m) rápido	lyntog, eksprestog (i)	['ly:n,tɔ'w], [ɛks'pʁas,tɔ'w]
locomotora (f) diésel	diesellokomotiv (i)	['di'səl lokomo'tiw']
tren (m) de vapor	damplokomotiv (i)	['dɑmp lokomo'tiw']

| coche (m) | vogn (f) | ['vɒw'n] |
| coche (m) restaurante | spisevogn (f) | ['spi:sə,vɒw'n] |

rieles (m pl)	skinner (f pl)	['skenʌ]
ferrocarril (m)	jernbane (f)	['jæɡ'n,bæ:nə]
traviesa (f)	svelle (f)	['svɛlə]

plataforma (f)	perron (f)	[pa'ʁʌŋ]
vía (f)	spor (i)	['spo'ɡ]
semáforo (m)	semafor (f)	[sema'fo'ɡ]
estación (f)	station (f)	[sta'ço'n]

maquinista (m)	togfører (f)	['tɔw,fø:ʌ]
maletero (m)	drager (f)	['dʁɑ:wʌ]
mozo (m) del vagón	togbetjent (f)	['tɔw be'tjɛn't]
pasajero (m)	passager (f)	[pasa'çe'ɡ]
revisor (m)	kontrollør (f)	[kʌntʁo'lø'ɡ]

| corredor (m) | korridor (f) | [kɒi'do'ɡ] |
| freno (m) de urgencia | nødbremse (f) | ['nøð,bʁamsə] |

compartimiento (m)	kupe, kupé (f)	[ku'pe']
litera (f)	køje (f)	['kʌjə]
litera (f) de arriba	overkøje (f)	['ɒwʌ,kʌjə]
litera (f) de abajo	underkøje (f)	['ɔnʌ,kʌjə]
ropa (f) de cama	sengetøj (i)	['sɛŋə,tʌj]

billete (m)	billet (f)	[bi'lɛt]
horario (m)	køreplan (f)	['kø:ʌ,plæ'n]
pantalla (f) de información	informationstavle (f)	[enfɒma'çons ,tɑwlə]

partir (vi)	at afgå	[ʌ 'ɑw,gɔ']
partida (f) (del tren)	afgang (f)	['ɑw,gɑŋ']
llegar (tren)	at ankomme	[ʌ 'an,kʌm'ə]
llegada (f)	ankomst (f)	['an,kʌm'st]

llegar en tren	at ankomme med toget	[ʌ 'an,kʌm'ə mɛ 'tɔ'weð]
tomar el tren	at stå på toget	[ʌ 'sti:ə pɔ 'tɔ'weð]
bajar del tren	at stå af toget	[ʌ 'sti:ə a 'tɔ'weð]

descarrilamiento (m)	**togulykke** (f)	['tɔw uˌløkə]
descarrilarse (vr)	**at afspore**	[ʌ 'awˌspoˀʌ]
tren (m) de vapor	**damplokomotiv** (i)	['damp lokomoˈtiwˀ]
fogonero (m)	**fyrbøder** (f)	['fyɡˌbøðʌ]
hogar (m)	**fyrrum** (i)	['fyɡˌʁɔmˀ]
carbón (m)	**kul** (i)	['kɔl]

26. El barco

barco, buque (m)	**skib** (i)	['skiˀb]
navío (m)	**fartøj** (i)	['fɑːˌtʌj]
buque (m) de vapor	**dampskib** (i)	['dampˌskiˀb]
motonave (f)	**flodbåd** (f)	['floðˌbɔˀð]
trasatlántico (m)	**cruiseskib** (i)	['kʁuːsˌskiˀb]
crucero (m)	**krydser** (f)	['kʁysʌ]
yate (m)	**yacht** (f)	['jɑgt]
remolcador (m)	**bugserbåd** (f)	[bug'seɡˌbɔˀð]
barcaza (f)	**pram** (f)	['pʁamˀ]
ferry (m)	**færge** (f)	['fæɡwə]
velero (m)	**sejlbåd** (f)	['sɑjlˌbɔˀð]
bergantín (m)	**brigantine** (f)	[bʁigan'tiːnə]
rompehielos (m)	**isbryder** (f)	['isˌbʁyðʌ]
submarino (m)	**u-båd** (f)	['uˀˌbɔð]
bote (m) de remo	**båd** (f)	['bɔˀð]
bote (m)	**jolle** (f)	['jʌlə]
bote (m) salvavidas	**redningsbåd** (f)	['ʁɛðneŋsˌbɔˀð]
lancha (f) motora	**motorbåd** (f)	['moːtʌˌbɔˀð]
capitán (m)	**kaptajn** (f)	[kɑp'tɑjˀn]
marinero (m)	**matros** (f)	[ma'tʁoˀs]
marino (m)	**sømand** (f)	['søˌmanˀ]
tripulación (f)	**besætning** (f)	[be'sɛtneŋ]
contramaestre (m)	**bådsmand** (f)	['bɔðsˌmanˀ]
grumete (m)	**skibsdreng, jungmand** (f)	['skibsˌdʁaŋˀ], ['jɔŋˌmanˀ]
cocinero (m) de abordo	**kok** (f)	['kʌk]
médico (m) del buque	**skibslæge** (f)	['skibsˌlɛːjə]
cubierta (f)	**dæk** (i)	['dɛk]
mástil (m)	**mast** (f)	['mast]
vela (f)	**sejl** (i)	['sɑjˀl]
bodega (f)	**lastrum** (i)	['lastˌʁɔmˀ]
proa (f)	**bov** (f)	['bɔwˀ]

popa (f)	**agterende** (f)	[ˈɑgtʌˌʁanə]
remo (m)	**åre** (f)	[ˈɒːɒ]
hélice (f)	**propel** (f)	[pʁoˈpɛlˀ]
camarote (m)	**kahyt** (f)	[kaˈhyt]
sala (f) de oficiales	**officersmesse** (f)	[ʌfiˈseɡs ˌmɛsə]
sala (f) de máquinas	**maskinrum** (i)	[maˈskiːnˌʁɔmˀ]
puente (m) de mando	**kommandobro** (f)	[kɒˈmandoˌbʁoˀ]
sala (f) de radio	**radiorum** (i)	[ˈʁadjoˌʁɔmˀ]
onda (f)	**bølge** (f)	[ˈbøljə]
cuaderno (m) de bitácora	**logbog** (f)	[ˈlʌgˌbɔˀw]
anteojo (m)	**kikkert** (f)	[ˈkikʌt]
campana (f)	**klokke** (f)	[ˈklʌkə]
bandera (f)	**flag** (i)	[ˈflæˀj]
cabo (m) (maroma)	**trosse** (f)	[ˈtʁʌsə]
nudo (m)	**knob** (i)	[ˈknoˀb]
pasamano (m)	**håndlister** (pl)	[ˈhʌnˌlestʌ]
pasarela (f)	**landgang** (f)	[ˈlanˌgɑŋˀ]
ancla (f)	**anker** (i)	[ˈɑŋkʌ]
levar ancla	**at lette anker**	[ʌ ˈlɛtə ˈɑŋkʌ]
echar ancla	**at kaste anker**	[ʌ ˈkastə ˈɑŋkʌ]
cadena (f) del ancla	**ankerkæde** (f)	[ˈɑŋkʌˌkɛːðə]
puerto (m)	**havn** (f)	[ˈhɑwˀn]
embarcadero (m)	**kaj** (f)	[ˈkajˀ]
amarrar (vt)	**at fortøje**	[ʌ fʌˈtʌjˀə]
desamarrar (vt)	**at kaste los**	[ʌ ˈkastə ˈlʌs]
viaje (m)	**rejse** (f)	[ˈʁajsə]
crucero (m) (viaje)	**krydstogt** (i)	[ˈkʁysˌtʌgt]
derrota (f) (rumbo)	**kurs** (f)	[ˈkuɡˀs]
itinerario (m)	**rute** (f)	[ˈʁuːtə]
canal (m) navegable	**sejlrende** (f)	[ˈsajlˌʁanə]
bajío (m)	**grund** (f)	[ˈgʁɔnˀ]
encallar (vi)	**at gå på grund**	[ʌ ˈgɔˀ pɔ ˈgʁɔnˀ]
tempestad (f)	**storm** (f)	[ˈstɒˀm]
señal (f)	**signal** (i)	[siˈnæˀl]
hundirse (vr)	**at synke**	[ʌ ˈsøŋkə]
¡Hombre al agua!	**Mand over bord!**	[ˈmanˀ ˈɒwʌ ˌboˀɡ]
SOS	**SOS**	[ɛsoˈɛs]
aro (m) salvavidas	**redningskrans** (f)	[ˈʁɛðnenŋsˌkʁanˀs]

LA CIUDAD

T&P Books Publishing

autobús (m)	**bus** (f)	['bus]
tranvía (m)	**sporvogn** (f)	['spoɡ̊ˌvɒwˀn]
trolebús (m)	**trolleybus** (f)	['tʁʌliˌbus]
itinerario (m)	**rute** (f)	['ʁuːtə]
número (m)	**nummer** (i)	['nɔmˀʌ]
ir en …	**at køre på …**	[ʌ 'køːʌ 'pɔˀ …]
tomar (~ el autobús)	**at stå på …**	[ʌ stɔˀ 'pɔˀ …]
bajar (~ del tren)	**at stå af …**	[ʌ stɔˀ 'æˀ …]
parada (f)	**stop, stoppested** (i)	['stʌp], ['stʌpəstɛð]
próxima parada (f)	**næste station** (f)	['nɛstə sta'ɕoˀn]
parada (f) final	**endestation** (f)	['ɛnəsta'ɕoˀn]
horario (m)	**køreplan** (f)	['køːʌˌplæˀn]
esperar (aguardar)	**at vente**	[ʌ 'vɛntə]
billete (m)	**billet** (f)	[bi'lɛt]
precio (m) del billete	**billetpris** (f)	[bi'lɛtˌpʁiˀs]
cajero (m)	**kasserer** (f)	[ka'seˀʌ]
control (m) de billetes	**billetkontrol** (f)	[bi'lɛt kɔn'tʁʌlˀ]
revisor (m)	**kontrollør** (f)	[kʌntʁo'løˀɡ̊]
llegar tarde (vi)	**at komme for sent**	[ʌ 'kʌmə fʌ 'seˀnt]
perder (~ el tren)	**at komme for sent til …**	[ʌ 'kʌmə fʌ 'seˀnt tel …]
tener prisa	**at skynde sig**	[ʌ 'skønə saj]
taxi (m)	**taxi** (f)	['tɑksi]
taxista (m)	**taxichauffør** (f)	['tɑksi ɕo'føˀɡ̊]
en taxi	**i taxi**	[i 'tɑksi]
parada (f) de taxi	**taxiholdeplads** (f)	['tɑksi 'hʌləˌplas]
llamar un taxi	**at bestille en taxi**	[ʌ be'stelˀə en 'tɑksi]
tomar un taxi	**at tage en taxi**	[ʌ 'tæˀ en 'tɑksi]
tráfico (m)	**trafik** (f)	[tʁa'fik]
atasco (m)	**trafikprop** (f)	[tʁa'fikˌpʁʌp]
horas (f pl) de punta	**myldretid** (f)	['mylʁʌˌtiðˀ]
aparcar (vi)	**at parkere**	[ʌ pɑ'keˀʌ]
aparcar (vt)	**at parkere**	[ʌ pɑ'keˀʌ]
aparcamiento (m)	**parkeringsplads** (f)	[pɑ'keˀɡ̊eŋsˌplas]
metro (m)	**metro** (f)	['meːtʁo]
estación (f)	**station** (f)	[sta'ɕoˀn]
ir en el metro	**at køre med metroen**	[ʌ 'køːʌ mɛ 'metʁoːən]

| tren (m) | tog (i) | ['tɔˀw] |
| estación (f) | banegård (f) | ['bæ:nəˌgɒˀ] |

28. La ciudad. La vida en la ciudad

ciudad (f)	by (f)	['byˀ]
capital (f)	hovedstad (f)	['ho:əðˌstað]
aldea (f)	landsby (f)	['lansˌbyˀ]

plano (m) de la ciudad	bykort (i)	['byˌkɒ:t]
centro (m) de la ciudad	centrum (i) af byen	['sɛntʁɔm a 'byən]
suburbio (m)	forstad (f)	['fɒ:ˌstað]
suburbano (adj)	forstads-	['fɒ:ˌstaðs-]

arrabal (m)	udkant (f)	['uðˌkanˀt]
afueras (f pl)	omegne (f pl)	['ʌmˌɑjˀnə]
barrio (m)	kvarter (i)	[kvɑ'teˀɐ̯]
zona (f) de viviendas	boligkvarter (i)	['bo:likvɑ'teˀɐ̯]

tráfico (m)	trafik (f)	[tʁɑ'fik]
semáforo (m)	trafiklys (i)	[tʁɑ'fikˌlyˀs]
transporte (m) urbano	offentlig transport (f)	['ʌfəntli tʁɑns'pɒ:t]
cruce (m)	kryds (i, f)	['kʁys]

paso (m) de peatones	fodgængerovergang (f)	['foðgɛnʌ 'ɒwʌˌgɑŋˀ]
paso (m) subterráneo	gangtunnel (f)	['gɑŋtuˌnɛlˀ]
cruzar (vt)	at gå over	[ʌ gɔˀ 'ɒwˀʌ]
peatón (m)	fodgænger (m)	['foðˌgɛnʌ]
acera (f)	fortov (i)	['fɒ:ˌtow]

puente (m)	bro (f)	['bʁoˀ]
muelle (m)	kaj (f)	['kɑjˀ]
fuente (f)	springvand (i)	['spʁɛŋˌvanˀ]

alameda (f)	alle (f)	[a'leˀ]
parque (m)	park (m)	['pɑ:k]
bulevar (m)	boulevard (f)	[bulə'vɑˀd]
plaza (f)	torv (i)	['tɒˀw]
avenida (f)	avenue (f)	[avə'ny]
calle (f)	gade (f)	['gæ:ðə]
callejón (m)	sidegade (f)	['si:ðəˌgæ:ðə]
callejón (m) sin salida	blindgyde (f)	['blenˀˌgy:ðə]

casa (f)	hus (i)	['huˀs]
edificio (m)	bygning (f)	['bygnɛŋ]
rascacielos (m)	skyskraber (f)	['skyˌskʁɑ:bʌ]

fachada (f)	facade (f)	[fa'sæ:ðə]
techo (m)	tag (i)	['tæˀj]
ventana (f)	vindue (i)	['vendu]

arco (m)	**bue** (f)	['bu:ə]
columna (f)	**søjle** (f)	['sʌjlə]
esquina (f)	**hjørne** (i)	['jœɐ̯'nə]
escaparate (f)	**udstillingsvindue** (i)	['uð̩stel'eŋs 'vendu]
letrero (m) (~ luminoso)	**skilt** (i)	['skel'̩t]
cartel (m)	**plakat** (f)	[pla'kæ'̩t]
cartel (m) publicitario	**reklameplakat** (f)	[ʁɛ'klæːmə̩pla'kæ'̩t]
valla (f) publicitaria	**reklameskilt** (i)	[ʁɛ'klæːmə̩skel'̩t]
basura (f)	**affald** (i)	['ɑw̩fal']
cajón (m) de basura	**skraldespand** (f)	['skʁɑlə̩span']
tirar basura	**at smide affald**	[ʌ 'smiːðə 'ɑw̩fal']
basurero (m)	**losseplads** (f)	['lʌsə̩plas]
cabina (f) telefónica	**telefonboks** (f)	[telə'foːn̩bʌks]
farola (f)	**lygtepæl** (f)	['løgtə̩pɛ'l]
banco (m) (del parque)	**bænk** (f)	['bɛŋ'k]
policía (m)	**politibetjent** (f)	[poli'ti be'tjɛn'̩t]
policía (f) (~ nacional)	**politi** (i)	[poli'ti']
mendigo (m)	**tigger** (f)	['tegʌ]
persona (f) sin hogar	**hjemløs** (f)	['jɛm̩lø's]

29. Las instituciones urbanas

tienda (f)	**forretning** (f), **butik** (f)	[fʌ'ʁatneŋ], [bu'tik]
farmacia (f)	**apotek** (i)	[ɑpo'te'k]
óptica (f)	**optik** (f)	[ʌp'tik]
centro (m) comercial	**indkøbscenter** (i)	['en̩kø'bs ̩sɛn'tʌ]
supermercado (m)	**supermarked** (i)	['suʔpʌ̩ma:kəð]
panadería (f)	**bageri** (i)	[bæjʌ'ʁi']
panadero (m)	**bager** (f)	['bæːjʌ]
pastelería (f)	**konditori** (i)	[kʌnditʌ'ʁi']
tienda (f) de comestibles	**købmandsbutik** (f)	['kømans bu'tik]
carnicería (f)	**slagterbutik** (f)	['slɑgtʌ bu'tik]
verdulería (f)	**grønthandel** (f)	['gʁœnt̩han'əl]
mercado (m)	**marked** (i)	['ma:kəð]
cafetería (f)	**cafe, kaffebar** (f)	[ka'fe'], ['kɑfə̩bɑ']
restaurante (m)	**restaurant** (f)	[ʁɛsto'ʁɑŋ]
cervecería (f)	**ølstue** (f)	['øl̩stu:ə]
pizzería (f)	**pizzeria** (i)	[pidsə'ʁi:a]
peluquería (f)	**frisørsalon** (f)	[fʁi'søɡ sa̩lʌŋ]
oficina (f) de correos	**postkontor** (i)	['pʌst kɔn'to'ɡ]
tintorería (f)	**renseri** (i)	[ʁansʌ'ʁi']
estudio (m) fotográfico	**fotoatelier** (i)	['foto atəl'je]

zapatería (f)	skotøjsforretning (f)	['sko͵tʌjs fʌˈʁatneŋ]
librería (f)	boghandel (f)	['bɔw͵hanˀəl]
tienda (f) deportiva	sportsforretning (f)	['spɔːts fʌˈʁatneŋ]

arreglos (m pl) de ropa	reparation (f) af tøj	[ʁɛpʁɑˈɕoˀn a ˈtʌj]
alquiler (m) de ropa	udlejning (f) af tøj	['uð͵lɑjˀneŋ a ˈtʌj]
videoclub (m)	filmleje (f)	['film͵lɑjə]

circo (m)	cirkus (i)	['siɐ̯kus]
zoológico (m)	zoologisk have (f)	[sooˈloˀisk ˈhæːvə]
cine (m)	biograf (f)	[bioˈgʁɑˀf]
museo (m)	museum (i)	[muˈsɛːɔm]
biblioteca (f)	bibliotek (i)	[biblioˈteˀk]

teatro (m)	teater (i)	[teˈæˀtʌ]
ópera (f)	opera (f)	['oˀpəʁa]
club (m) nocturno	natklub (f)	['nat͵klub]
casino (m)	kasino (i)	[kaˈsiːno]

mezquita (f)	moske (f)	[moˈskeˀ]
sinagoga (f)	synagoge (f)	[synaˈgoːə]
catedral (f)	katedral (f)	[katəˈdʁɑˀl]
templo (m)	tempel (i)	['tɛmˀpəl]
iglesia (f)	kirke (f)	['kiɐ̯kə]

instituto (m)	institut (i)	[ensdiˈtut]
universidad (f)	universitet (i)	[univæɐ̯siˈteˀt]
escuela (f)	skole (f)	['skoːlə]

prefectura (f)	præfektur (i)	[pʁɛfɛkˈtuɐ̯ˀ]
alcaldía (f)	rådhus (i)	['ʁɔð͵huˀs]
hotel (m)	hotel (i)	[hoˈtɛlˀ]
banco (m)	bank (f)	['baŋˀk]

embajada (f)	ambassade (f)	[ɑmbaˈsæːðə]
agencia (f) de viajes	rejsebureau (i)	['ʁɑjsə by͵ʁo]
oficina (f) de información	informationskontor (i)	[enfɔmaˈɕons konˈtoˀɐ̯]
oficina (f) de cambio	vekselkontor (i)	['vɛksəl konˈtoˀɐ̯]

metro (m)	metro (f)	['meːtʁo]
hospital (m)	sygehus (i)	['syːə͵huˀs]

gasolinera (f)	tankstation (f)	['tɑŋk staˈɕˀon]
aparcamiento (m)	parkeringsplads (f)	[pɑˈkeˀɐ̯eŋs͵plas]

30. Los avisos

letrero (m) (~ luminoso)	skilt (i)	['skelˀt]
cartel (m) (texto escrito)	indskrift (f)	['en͵skʁɛft]
pancarta (f)	poster (f)	['pɔwstʌ]

señal (m) de dirección	**vejviser** (f)	[ˈvɑjˌviːsʌ]
flecha (f) (signo)	**pil** (f)	[ˈpiˀl]
advertencia (f)	**advarsel** (f)	[ˈaðˌvɑːsəl]
aviso (m)	**advarselsskilt** (i)	[ˈaðˌvɑːsəls ˈskelˀt]
advertir (vt)	**at advare**	[ʌ ˈaðˌvaˀɑ]
día (m) de descanso	**fridag** (f)	[ˈfʁidæˀ]
horario (m)	**køreplan** (f)	[ˈkøːʌˌplæˀn]
horario (m) de apertura	**åbningstid** (f)	[ˈɔːbneŋsˌtiðˀ]
¡BIENVENIDOS!	**VELKOMMEN!**	[ˈvɛlˌkʌmˀən]
ENTRADA	**INDGANG**	[ˈenˌgɑŋˀ]
SALIDA	**UDGANG**	[ˈuðˌgɑŋˀ]
EMPUJAR	**TRYK**	[ˈtʁœk]
TIRAR	**TRÆK**	[ˈtʁak]
ABIERTO	**ÅBENT**	[ˈɔːbənt]
CERRADO	**LUKKET**	[ˈlɔkəð]
MUJERES	**KVINDE**	[ˈkvenə]
HOMBRES	**MAND**	[ˈmanˀ]
REBAJAS	**RABAT**	[ʁɑˈbat]
SALDOS	**UDSALG**	[ˈuðˌsalˀ]
NOVEDAD	**NYHED!**	[ˈnyheðˀ]
GRATIS	**GRATIS**	[ˈgʁɑːtis]
¡ATENCIÓN!	**PAS PÅ!**	[ˈpas ˈpɔ]
COMPLETO	**INGEN LEDIGE VÆRELSER**	[ˈeŋən ˈleːðiə ˈvæɡʌlsʌ]
RESERVADO	**RESERVERET**	[ʁɛsæɡ̊veˀʌð]
ADMINISTRACIÓN	**ADMINISTRATION**	[aðministʁaˈɕoˀn]
SÓLO PERSONAL AUTORIZADO	**KUN FOR PERSONALE**	[ˈkɔn fʌ pæɡ̊soˈnæːlə]
CUIDADO CON EL PERRO	**HER VOGTER JEG**	[ˈhɛˀɡ̊ ˈvʌgtʌ ˈjɑj]
PROHIBIDO FUMAR	**RYGNING FORBUDT**	[ˈʁyːneŋ fʌˈbyˀð]
NO TOCAR	**MÅ IKKE BERØRES!**	[mɔ ˈekə beˈʁœˀʌs]
PELIGROSO	**FARLIG**	[ˈfɑːli]
PELIGRO	**FARE**	[ˈfɑːɑ]
ALTA TENSIÓN	**HØJSPÆNDING**	[ˈhʌjˌspɛneŋ]
PROHIBIDO BAÑARSE	**BADNING FORBUDT**	[ˈbæːðneŋ fʌˈbyˀð]
NO FUNCIONA	**UDE AF DRIFT**	[ˈuːðə a ˈdʁæft]
INFLAMABLE	**BRANDFARLIG**	[ˈbʁanˌfɑːli]
PROHIBIDO	**FORBUDT**	[fʌˈbyˀt]
PROHIBIDO EL PASO	**ADGANG FORBUDT**	[ˈaðˌgɑŋˀ fʌˈbyˀð]
RECIÉN PINTADO	**NYMALET**	[ˈnyˌmæˀləð]

31. Las compras

comprar (vt)	at købe	[ʌ 'køːbə]
compra (f)	indkøb (i)	['enˌkøˀb]
hacer compras	at gå på indkøb	[ʌ gɔˀ pɔ 'enˌkøˀb]
compras (f pl)	shopping (f)	['ɕʌpən]

| estar abierto (tienda) | at være åben | [ʌ 'vɛːʌ 'ɔːbən] |
| estar cerrado | at være lukket | [ʌ 'vɛːʌ 'lɔkəð] |

calzado (m)	sko (f)	['skoˀ]
ropa (f)	klæder (i pl)	['klɛːðʌ]
cosméticos (m pl)	kosmetik (f)	[kʌsmə'tik]
productos alimenticios	madvarer (f pl)	['maðvaːʌ]
regalo (m)	gave (f)	['gæːvə]

| vendedor (m) | sælger (f) | ['sɛljʌ] |
| vendedora (f) | sælger (f) | ['sɛljʌ] |

caja (f)	kasse (f)	['kasə]
espejo (m)	spejl (i)	['spɑjˀl]
mostrador (m)	disk (f)	['disk]
probador (m)	prøverum (i)	['pʁœːwəˌʁɔmˀ]

probar (un vestido)	at prøve	[ʌ 'pʁœːwə]
quedar (una ropa, etc.)	at passe	[ʌ 'pasə]
gustar (vi)	at kunne lide	[ʌ 'kunə 'liːðə]

precio (m)	pris (f)	['pʁiˀs]
etiqueta (f) de precio	prismærke (i)	['pʁisˌmæɐ̯kə]
costar (vt)	at koste	[ʌ 'kʌstə]
¿Cuánto?	Hvor meget?	[vɒˀ 'maɑð]
descuento (m)	rabat (f)	[ʁa'bat]

no costoso (adj)	billig	['bili]
barato (adj)	billig	['bili]
caro (adj)	dyr	['dyɐ̯ˀ]
Es caro	Det er dyrt	[de 'æɐ̯ 'dyɐ̯ˀt]

alquiler (m)	leje (f)	['lɑjə]
alquilar (vt)	at leje	[ʌ 'lɑjə]
crédito (m)	kredit (f)	[kʁɛ'dit]
a crédito (adv)	på kredit	[pɔ kʁɛ'dit]

LA ROPA Y
LOS ACCESORIOS

T&P Books Publishing

ropa (f)	tøj (i), klæder (i pl)	['tʌj], ['klɛ:ðʌ]
ropa (f) de calle	overtøj (i)	['ɒwʌˌtʌj]
ropa (f) de invierno	vintertøj (i)	['ventʌˌtʌj]
abrigo (m)	frakke (f)	['fʁɑkə]
abrigo (m) de piel	pels (f), pelskåbe (f)	['pɛl's], ['pɛlsˌkɔ:bə]
abrigo (m) corto de piel	pelsjakke (f)	['pɛlsˌjɑkə]
chaqueta (f) plumón	dynejakke (f)	['dy:nəˌjɑkə]
cazadora (f)	jakke (f)	['jɑkə]
impermeable (m)	regnfrakke (f)	['ʁɑjnˌfʁɑkə]
impermeable (adj)	vandtæt	['vanˌtɛt]

camisa (f)	skjorte (f)	['skjoɐ̯tə]
pantalones (m pl)	bukser (pl)	['bɒksʌ]
jeans, vaqueros (m pl)	jeans (pl)	['dji:ns]
chaqueta (f), saco (m)	jakke (f)	['jɑkə]
traje (m)	jakkesæt (i)	['jɑkəˌsɛt]
vestido (m)	kjole (f)	['kjo:lə]
falda (f)	nederdel (f)	['neðʌˌde'l]
blusa (f)	bluse (f)	['blu:sə]
rebeca (f),	strikket trøje (f)	['stʁɛkəð 'tʁʌjə]
chaqueta (f) de punto		
chaqueta (f)	blazer (f)	['blɛjsʌ]
camiseta (f) (T-shirt)	t-shirt (f)	['ti:ˌɕœ:t]
pantalones (m pl) cortos	shorts (pl)	['ɕɒ:ts]
traje (m) deportivo	træningsdragt (f)	['tʁɛ:neŋsˌdʁɑgt]
bata (f) de baño	badekåbe (f)	['bæ:ðəˌkɔ:bə]
pijama (m)	pyjamas (f)	[py'jæ:mas]
suéter (m)	sweater (f)	['swɛtʌ]
pulóver (m)	pullover (f)	[pul'ɔwʌ]
chaleco (m)	vest (f)	['vɛst]
frac (m)	kjolesæt (i)	['kjo:ləˌsɛt]
esmoquin (m)	smoking (f)	['smo:keŋ]
uniforme (m)	uniform (f)	[uni'fɒ'm]
ropa (f) de trabajo	arbejdstøj (i)	['ɑ:bɑjdsˌtʌj]

| mono (m) | kedeldragt, overall (f) | ['keðəlˌdʁɑgt], ['ɒwɒˌɒːl] |
| bata (f) (p. ej. ~ blanca) | kittel (f) | ['kitəl] |

34. La ropa. La ropa interior

ropa (f) interior	undertøj (i)	['ɔnʌˌtʌj]
bóxer (m)	boxershorts (pl)	['bʌgsʌˌɕɒːʦ]
bragas (f pl)	trusser (pl)	['tʁusʌ]
camiseta (f) interior	undertrøje (f)	['ɔnʌˌtʁʌjə]
calcetines (m pl)	sokker (f pl)	['sʌkʌ]
camisón (m)	natkjole (f)	['natˌkjoːlə]
sostén (m)	bh (f), brystholder (f)	[be'hoʔ], ['bʁœstˌhʌlʔʌ]
calcetines (m pl) altos	knæstrømper (f pl)	['knɛˌstʁœmpʌ]
pantimedias (f pl)	strømpebukser (pl)	['stʁœmbəˌbɒksʌ]
medias (f pl)	strømper (f pl)	['stʁœmpʌ]
traje (m) de baño	badedragt (f)	['bæːðəˌdʁɑgt]

35. Gorras

gorro (m)	hue (f)	['huːə]
sombrero (m) de fieltro	hat (f)	['hat]
gorra (f) de béisbol	baseballkasket (f)	['bɛjsˌbɒːl ka'skɛt]
gorra (f) plana	kasket (f)	[ka'skɛt]
boina (f)	baskerhue (f)	['bɑːskʌˌhuːə]
capuchón (m)	hætte (f)	['hɛtə]
panamá (m)	panamahat (f)	['panˀamaˌhat]
gorro (m) de punto	strikhue (f)	['stʁɛkˌhuə]
pañuelo (m)	tørklæde (i)	['tœʁˌklɛːðə]
sombrero (m) de mujer	hat (f)	['hat]
casco (m) (~ protector)	hjelm (f)	['jɛlˀm]
gorro (m) de campaña	skråhue (f)	['skʁʌˌhuːə]
casco (m) (~ de moto)	hjelm (f)	['jɛlˀm]
bombín (m)	bowlerhat (f)	['bɒwlʌˌhat]
sombrero (m) de copa	høj hat (f)	['hʌj 'hat]

36. El calzado

calzado (m)	sko (f)	['skoʔ]
botas (f pl)	støvler (f pl)	['stœwlʌ]
zapatos (m pl)	damesko (f pl)	['dæːməˌskoː]
(~ de tacón bajo)		

botas (f pl) altas	støvler (f pl)	['støwlʌ]
zapatillas (f pl)	hjemmesko (f pl)	['jɛməˌskoʔ]
tenis (m pl)	tennissko, kondisko (f pl)	['tɛnisˌskoʔ], ['kʌndiˌskoʔ]
zapatillas (f pl) de lona	kanvas sko (f pl)	['kanvas ˌskoʔ]
sandalias (f pl)	sandaler (f pl)	[san'dæʔlʌ]
zapatero (m)	skomager (f)	['skoˌmæʔjʌ]
tacón (m)	hæl (f)	['hɛʔl]
par (m)	par (i)	['pɑ]
cordón (m)	snøre (f)	['snœːʌ]
encordonar (vt)	at snøre	[ʌ 'snœːʌ]
calzador (m)	skohorn (i)	['skoˌhoɐ̯ʔn]
betún (m)	skocreme (f)	['skoˌkʁɛʔm]

37. Accesorios personales

guantes (m pl)	handsker (f pl)	['hanskʌ]
manoplas (f pl)	vanter (f pl)	['vanʔtʌ]
bufanda (f)	halstørklæde (i)	['hals 'tœɐ̯ˌklɛːðə]
gafas (f pl)	briller (pl)	['bʁɛlʌ]
montura (f)	brillestel (i)	['bʁɛləˌstɛlʔ]
paraguas (m)	paraply (f)	[pɑɑ'plyʔ]
bastón (m)	stok (f)	['stʌk]
cepillo (m) de pelo	hårbørste (f)	['hɔˌbœɐ̯stə]
abanico (m)	vifte (f)	['veftə]
corbata (f)	slips (i)	['sleps]
pajarita (f)	butterfly (f)	['bʌtʌˌflɑj]
tirantes (m pl)	seler (f pl)	['seːlʌ]
moquero (m)	lommetørklæde (i)	['lʌməˌtœɐ̯klɛːðə]
peine (m)	kam (f)	['kɑmʔ]
pasador (m) de pelo	hårspænde (i)	['hɔːˌspɛnə]
horquilla (f)	hårnål (f)	['hɔːˌnɔʔl]
hebilla (f)	spænde (i)	['spɛnə]
cinturón (m)	bælte (i)	['bɛltə]
correa (f) (de bolso)	rem (f)	['ʁamʔ]
bolsa (f)	taske (f)	['taskə]
bolso (m)	dametaske (f)	['dæːmeˌtaskə]
mochila (f)	rygsæk (f)	['ʁœgˌsɛk]

38. La ropa. Miscelánea

moda (f)	mode (f)	['moːðə]
de moda (adj)	moderigtig	['moːðəˌʁɛgti]

diseñador (m) de moda	modedesigner (f)	['mo:ðə de'sɑjnʌ]
cuello (m)	krave (f)	['kʁɑ:və]
bolsillo (m)	lomme (f)	['lʌmə]
de bolsillo (adj)	lomme-	['lʌmə-]
manga (f)	ærme (i)	['æɐmə]
presilla (f)	strop (f)	['stʁʌp]
bragueta (f)	gylp (f)	['gylˀp]

cremallera (f)	lynlås (f)	['lynˌlɔˀs]
cierre (m)	hægte, lukning (f)	['hɛgtə], ['lɔknen]
botón (m)	knap (f)	['knɑp]
ojal (m)	knaphul (i)	['knɑpˌhɔl]
saltar (un botón)	at falde af	[ʌ 'falə 'æˀ]

coser (vi, vt)	at sy	[ʌ syˀ]
bordar (vt)	at brodere	[ʌ bʁo'deˀʌ]
bordado (m)	broderi (i)	[bʁodʌ'ʁiˀ]
aguja (f)	synål (f)	['syˌnɔˀl]
hilo (m)	tråd (f)	['tʁɔˀð]
costura (f)	søm (f)	['sœmˀ]

ensuciarse (vr)	at smudse sig til	[ʌ 'smusə sɑ 'tel]
mancha (f)	plet (f)	['plɛt]
arrugarse (vr)	at blive krøllet	[ʌ 'bli:ə 'kʁœləð]
rasgar (vt)	at rive	[ʌ 'ʁi:və]
polilla (f)	møl (i)	['møl]

39. Productos personales. Cosméticos

pasta (f) de dientes	tandpasta (f)	['tanˌpasta]
cepillo (m) de dientes	tandbørste (f)	['tanˌbœɐstə]
limpiarse los dientes	at børste tænder	[ʌ 'bœɐstə 'tɛnʌ]

maquinilla (f) de afeitar	skraber (f)	['skʁɑ:bʌ]
crema (f) de afeitar	barbercreme (f)	[bɑ'beˀɐˌkʁɛˀm]
afeitarse (vr)	at barbere sig	[ʌ bɑ'beˀʌ sɑj]

| jabón (m) | sæbe (f) | ['sɛ:bə] |
| champú (m) | shampoo (f) | ['ɕæ:mˌpu:] |

tijeras (f pl)	saks (f)	['saks]
lima (f) de uñas	neglefil (f)	['nɑjləˌfiˀl]
cortaúñas (m pl)	neglesaks (f)	['nɑjləˌsaks]
pinzas (f pl)	pincet (f)	[pen'sɛt]

cosméticos (m pl)	kosmetik (f)	[kʌsmə'tik]
mascarilla (f)	ansigtsmaske (f)	['ansegts 'maskə]
manicura (f)	manicure (f)	[mani'ky:ʌ]
hacer la manicura	at få manicure	[ʌ 'fɔˀ mani'ky:ʌ]
pedicura (f)	pedicure (f)	[pedi'ky:ʌ]

bolsa (f) de maquillaje	kosmetiktaske (f)	[kʌsmə'tik,taskə]
polvos (m pl)	pudder (i)	['puðˀʌ]
polvera (f)	pudderdåse (f)	['puðʌ,dɔːsə]
colorete (m), rubor (m)	rouge (f)	['ʁuːɕ]

perfume (m)	parfume (f)	[pɑ'fyːmə]
agua (f) de tocador	eau de toilette (f)	[,odətoa'lɛt]
loción (f)	lotion (f)	['lowɕən]
agua (f) de Colonia	eau de cologne (f)	[odəko'lʌnjə]

sombra (f) de ojos	øjenskygge (f)	['ʌjən,skygə]
lápiz (m) de ojos	eyeliner (f)	['ɑːjˌlɑjnʌ]
rímel (m)	mascara (f)	[ma'skɑːa]

pintalabios (m)	læbestift (f)	['lɛːbə,steft]
esmalte (m) de uñas	neglelak (f)	['najlə,lak]
fijador (m) para el pelo	hårspray (f)	['hɔː,spʁɛj]
desodorante (m)	deodorant (f)	[deodo'ʁɑnˀt]

crema (f)	creme (f)	['kʁɛˀm]
crema (f) de belleza	ansigtscreme (f)	['ansegts 'kʁɛˀm]
crema (f) de manos	håndcreme (f)	['hʌn,kʁɛˀm]
crema (f) antiarrugas	antirynke creme (f)	[antə'ʁœɳkə 'kʁɛˀm]
crema (f) de día	dagcreme (f)	['dɑw,kʁɛˀm]
crema (f) de noche	natcreme (f)	['nat,kʁɛˀm]
de día (adj)	dag-	['dɑw-]
de noche (adj)	nat-	['nat-]

tampón (m)	tampon (f)	[tɑm'pʌn]
papel (m) higiénico	toiletpapir (i)	[toa'lɛt pa'piɐˀ]
secador (m) de pelo	hårtørrer (f)	['hɔː,tœɐʌ]

40. Los relojes

reloj (m)	armbåndsur (i)	['ɑːmbʌns,uɐˀ]
esfera (f)	urskive (f)	['uɐ,skiːvə]
aguja (f)	viser (f)	['viːsʌ]
pulsera (f)	armbånd (i)	['ɑːm,bʌnˀ]
correa (f) (del reloj)	urrem (f)	['uɐ,ʁam']

pila (f)	batteri (i)	[batʌ'ʁiˀ]
descargarse (vr)	at blive afladet	[ʌ 'bliːə 'ɑw,læˀðəð]
cambiar la pila	at skifte et batteri	[ʌ 'skiftə et batʌ'ʁiˀ]
adelantarse (vr)	at gå for hurtigt	[ʌ gɔˀ fʌ 'hoɐtit]
retrasarse (vr)	at gå for langsomt	[ʌ gɔˀ fʌ 'laɳ,sʌmt]

reloj (m) de pared	vægur (i)	['vɛːg,uɐˀ]
reloj (m) de arena	timeglas (i)	['tiːmə,glas]
reloj (m) de sol	solur (i)	['soːl,uɐˀ]
despertador (m)	vækkeur (i)	['vɛkə,uɐˀ]

| relojero (m) | **urmager** (f) | ['uɐ̯ˌmæˀjʌ] |
| reparar (vt) | **at reparere** | [ʌ ʁɛpə'ʁɛˀʌ] |

T&P BOOKS

LA EXPERIENCIA DIARIA

T&P Books Publishing

41. El dinero

dinero (m)	**penge** (pl)	['pɛŋə]
cambio (m)	**veksling** (f)	['vɛkslɛŋ]
curso (m)	**kurs** (f)	['kuɐ̯ˀs]
cajero (m) automático	**pengeautomat** (f)	['pɛŋə awto'mæˀt]
moneda (f)	**mønt** (f)	['mønˀt]
dólar (m)	**dollar** (f)	['dʌlʌ]
euro (m)	**euro** (f)	['œwʁo]
lira (f)	**lire** (f)	['liːʌ]
marco (m) alemán	**mark** (f)	['mɑːk]
franco (m)	**franc** (f)	['fʁɑŋˀk]
libra esterlina (f)	**engelske pund** (i)	['ɛŋˀəlskə punˀ]
yen (m)	**yen** (f)	['jɛn]
deuda (f)	**gæld** (f)	['gɛlˀ]
deudor (m)	**skyldner** (f)	['skylnʌ]
prestar (vt)	**at låne ud**	[ʌ 'lɔːnə ˌuðˀ]
tomar prestado	**at låne**	[ʌ 'lɔːnə]
banco (m)	**bank** (f)	['bɑŋˀk]
cuenta (f)	**konto** (f)	['kʌnto]
ingresar (~ en la cuenta)	**at indsætte**	[ʌ 'enˌsɛtə]
ingresar en la cuenta	**at sætte ind på kontoen**	[ʌ 'sɛtə 'enˀ pɔ 'kʌntoːən]
sacar de la cuenta	**at hæve fra kontoen**	[ʌ 'hɛːvə fʁɑ 'kʌntoːən]
tarjeta (f) de crédito	**kreditkort** (i)	[kʁɛ'dit kɔːt]
dinero (m) en efectivo	**kontanter** (pl)	[kɔn'tanˀtʌ]
cheque (m)	**check** (f)	['ɕɛk]
sacar un cheque	**at skrive en check**	[ʌ 'skʁiːvə en 'ɕɛk]
talonario (m)	**checkhæfte** (i)	['ɕɛkˌhɛftə]
cartera (f)	**tegnebog** (f)	['tɑjnəˌbɔˀw]
monedero (m)	**pung** (f)	['pɔŋˀ]
caja (f) fuerte	**pengeskab** (i)	['pɛŋəˌskæˀb]
heredero (m)	**arving** (f)	['ɑːven]
herencia (f)	**arv** (f)	['ɑˀw]
fortuna (f)	**formue** (f)	['fɔːˌmuːə]
arriendo (m)	**leje** (f)	['lɑjə]
alquiler (m) (dinero)	**husleje** (f)	['husˌlɑjə]
alquilar (~ una casa)	**at leje**	[ʌ 'lɑjə]
precio (m)	**pris** (f)	['pʁiˀs]

| coste (m) | omkostning (f) | ['ʌmˌkʌstneŋ] |
| suma (f) | sum (f) | ['sɔmˀ] |

gastar (vt)	at bruge	[ʌ 'bʁuːə]
gastos (m pl)	udgifter (f pl)	['uðˌgiftʌ]
economizar (vi, vt)	at spare	[ʌ 'spɑːɑ]
económico (adj)	sparsommelig	[spɑ'sʌmˀəli]

pagar (vi, vt)	at betale	[ʌ be'tæˀlə]
pago (m)	betaling (f)	[be'tæˀleŋ]
cambio (m) (devolver el ~)	byttepenge (pl)	['bytəˌpɛŋə]

impuesto (m)	skat (f)	['skat]
multa (f)	bøde (f)	['bøːðə]
multar (vt)	at give bødestraf	[ʌ 'giˀ 'bøːðəˌstʁɑf]

42. La oficina de correos

oficina (f) de correos	postkontor (i)	['pʌst kɔn'toˀɐ̯]
correo (m) (cartas, etc.)	post (f)	['pʌst]
cartero (m)	postbud (i)	['pʌstˌbuð]
horario (m) de apertura	åbningstid (f)	['ɔːbneŋsˌtiðˀ]

carta (f)	brev (i)	['bʁɛwˀ]
carta (f) certificada	rekommanderet brev (i)	[ʁɛkɔman'deˀʌð 'bʁɛwˀ]
tarjeta (f) postal	postkort (i)	['pʌstˌkɔːt]
telegrama (m)	telegram (i)	[telə'gʁɑmˀ]
paquete (m) postal	postpakke (f)	['pʌstˌpɑkə]
giro (m) postal	pengeoverførsel (f)	['pɛŋə 'ɔwʌˌføɐ̯ˀsəl]

recibir (vt)	at modtage	[ʌ 'moðˌtæˀ]
enviar (vt)	at sende	[ʌ 'sɛnə]
envío (m)	afsendelse (f)	['awˌsɛnˀəlsə]
dirección (f)	adresse (f)	[a'dʁasə]
código (m) postal	postnummer (i)	['pʌstˌnɔmˀʌ]
expedidor (m)	afsender (f)	['awˌsɛnˀʌ]
destinatario (m)	modtager (f)	['moðˌtæˀjʌ]

| nombre (m) | fornavn (i) | ['fɔːˌnɑwˀn] |
| apellido (m) | efternavn (i) | ['ɛftʌˌnɑwˀn] |

tarifa (f)	tarif (f)	[tɑ'ʁif]
ordinario (adj)	vanlig	['væˀnli]
económico (adj)	økonomisk	[øko'noˀmisk]

peso (m)	vægt (f)	['vɛgt]
pesar (~ una carta)	at veje	[ʌ 'vɑjə]
sobre (m)	konvolut, kuvert (f)	[kɔnvo'lut], [ku'væɐ̯t]
sello (m)	frimærke (i)	['fʁiˌmæɐ̯kə]
poner un sello	at frankere	[ʌ fʁɑŋ'keˀʌ]

43. La banca

banco (m)	bank (f)	['baŋˀk]
sucursal (f)	afdeling (f)	['awˌdeˀleŋ]
consultor (m)	konsulent (f)	[kʌnsu'lɛnˀt]
gerente (m)	forretningsfører (f)	[fʌ'ʁatneŋsˌføːʌ]
cuenta (f)	bankkonto (f)	['baŋˀkˌkʌnto]
numero (m) de la cuenta	kontonummer (i)	['kʌntoˌnɔmˀʌ]
cuenta (f) corriente	checkkonto (f)	['ɕɛkˌkʌnto]
cuenta (f) de ahorros	opsparingskonto (f)	['ʌpˌspaˀeŋs ˌkʌnto]
abrir una cuenta	at åbne en konto	[ʌ 'ɔːbnə en 'kʌnto]
cerrar la cuenta	at lukke kontoen	[ʌ 'lɔkə 'kʌnto:ən]
ingresar en la cuenta	at sætte ind på kontoen	[ʌ 'sɛtə 'enˀ pɔ 'kʌnto:ən]
sacar de la cuenta	at hæve fra kontoen	[ʌ 'hɛːvə fʁa 'kʌnto:ən]
depósito (m)	indskud (i)	['enˌskuð]
hacer un depósito	at indsætte	[ʌ 'enˌsɛtə]
giro (m) bancario	overførelse (f)	['ɔwʌˌføːʌlsə]
hacer un giro	at overføre	[ʌ 'ɔwʌˌføˀʌ]
suma (f)	sum (f)	['sɔmˀ]
¿Cuánto?	Hvor meget?	[vɔˀ 'maɑð]
firma (f) (nombre)	signatur, underskrift (f)	[sina'tuʁˀ], ['ɔnʌˌskʁɛft]
firmar (vt)	at underskrive	[ʌ 'ɔnʌˌskʁiˀvə]
tarjeta (f) de crédito	kreditkort (i)	[kʁɛ'dit kɔːt]
código (m)	kode (f)	['ko:ðə]
número (m) de tarjeta de crédito	kreditkortnummer (i)	[kʁɛ'dit kɔːt 'nɔmˀʌ]
cajero (m) automático	pengeautomat (f)	['pɛŋə ɑwto'mæˀt]
cheque (m)	check (f)	['ɕɛk]
sacar un cheque	at skrive en check	[ʌ 'skʁiːvə en 'ɕɛk]
talonario (m)	checkhæfte (i)	['ɕɛkˌhɛftə]
crédito (m)	lån (i)	['lɔˀn]
pedir el crédito	at ansøge om lån	[ʌ 'anˌsøː ɔm 'lɔˀn]
obtener un crédito	at få et lån	[ʌ 'fɔˀ et 'lɔˀn]
conceder un crédito	at yde et lån	[ʌ 'yːðə et 'lɔˀn]
garantía (f)	garanti (f)	[gaɑn'tiˀ]

44. El teléfono. Las conversaciones telefónicas

teléfono (m)	telefon (f)	[telə'foˀn]
teléfono (m) móvil	mobiltelefon (f)	[mo'bil telə'foˀn]

contestador (m)	telefonsvarer (f)	[teləˈfoːnˌsvɑːɑ]
llamar, telefonear	at ringe	[ʌ ˈʁɛŋə]
llamada (f)	telefonsamtale (f)	[teləˈfoːn ˈsɑmˌtæːlə]
marcar un número	at taste et nummer	[ʌ ˈtastə et ˈnɔmˀʌ]
¿Sí?, ¿Dígame?	Hallo!	[haˈlo]
preguntar (vt)	at spørge	[ʌ ˈspœʁʌ]
responder (vi, vt)	at svare	[ʌ ˈsvɑːɑ]
oír (vt)	at høre	[ʌ ˈhøːʌ]
bien (adv)	godt	[ˈgʌt]
mal (adv)	dårligt	[ˈdɒːlit]
ruidos (m pl)	støj (f)	[ˈstʌjˀ]
auricular (m)	telefonrør (i)	[teləˈfoːnˌʁɶˀ]
descolgar (el teléfono)	at tage telefonen	[ʌ ˈtæˀ teləˈfoˀnən]
colgar el auricular	at lægge på	[ʌ ˈlɛgə pɔˀ]
ocupado (adj)	optaget	[ˈʌpˌtæˀj]
sonar (teléfono)	at ringe	[ʌ ˈʁɛŋə]
guía (f) de teléfonos	telefonbog (f)	[teləˈfoːnˌbɔˀw]
local (adj)	lokal-	[loˈkæl-]
llamada (f) local	lokalopkald (i)	[loˈkæˀl ˈʌpˌkalˀ]
de larga distancia	fjern-	[ˈfjæʁn-]
llamada (f) de larga distancia	fjernopkald (i)	[ˈfjæʁn ˈʌpˌkalˀ]
internacional (adj)	international	[ˈentʌnaɕoˌnæˀl]
llamada (f) internacional	internationalt opkald (i)	[ˈentʌnaɕoˌnæˀlt ˈʌpˌkalˀ]

45. El teléfono celular

teléfono (m) móvil	mobiltelefon (f)	[moˈbil teləˈfoˀn]
pantalla (f)	skærm (f)	[ˈskæɡˀm]
botón (m)	knap (f)	[ˈknɑp]
tarjeta SIM (f)	SIM-kort (i)	[ˈsemˌkɒːt]
pila (f)	batteri (i)	[batʌˈʁiˀ]
descargarse (vr)	at blive afladet	[ʌ ˈbliːə ˈɑwˌlæˀðəð]
cargador (m)	oplader (f)	[ˈʌplˌlæˀðʌ]
menú (m)	menu (f)	[meˈny]
preferencias (f pl)	indstillinger (f pl)	[ˈenˌstelˀeŋʌ]
melodía (f)	melodi (f)	[meloˈdiˀ]
seleccionar (vt)	at vælge	[ʌ ˈvɛljə]
calculadora (f)	lommeregner (f)	[ˈlʌməˌʁɑjnʌ]
contestador (m)	telefonsvarer (f)	[teləˈfoːnˌsvɑːɑ]
despertador (m)	vækkeur (i)	[ˈvɛkəˌuɡˀ]
contactos (m pl)	kontakter (f pl)	[kɔnˈtaktʌ]

| mensaje (m) de texto | SMS (f) | [ɛsɛm'ɛs] |
| abonado (m) | abonnent (f) | [abo'nɛn'ṭ] |

46. Los artículos de escritorio. La papelería

bolígrafo (m)	kuglepen (f)	['ku:lə‚pɛn']
pluma (f) estilográfica	fyldepen (f)	['fylə‚pɛn']
lápiz (m)	blyant (f)	['bly:‚an'ṭ]
marcador (m)	mærkepen (f)	[ma'køg‚pɛn']
rotulador (m)	tuschpen (f)	['tuɕ‚pɛn']
bloc (m) de notas	notesblok (f)	['no:təs‚blʌk]
agenda (f)	dagbog (f)	['daw‚bɔ'w]
regla (f)	lineal (f)	[line'æ'l]
calculadora (f)	regnemaskine (f)	['ʁajnə ma'ski:nə]
goma (f) de borrar	viskelæder (i)	['veskə‚lɛð'ʌ]
chincheta (f)	tegnestift (f)	['tajnə‚steft]
clip (m)	clips (i)	['kleps]
cola (f), pegamento (m)	lim (f)	['li'm]
grapadora (f)	hæftemaskine (f)	['hɛfta ma'ski:nə]
perforador (m)	hullemaskine (f)	['hɔlə ma'ski:nə]
sacapuntas (m)	blyantspidser (f)	['bly:ant‚spesʌ]

47. Los idiomas extranjeros

lengua (f)	sprog (i)	['spʁɔ'w]
extranjero (adj)	fremmed-	['fʁaməð-]
lengua (f) extranjera	fremmedsprog (i)	['fʁaməð'spʁɔ'w]
estudiar (vt)	at studere	[ʌ stu'de'ʌ]
aprender (ingles, etc.)	at lære	[ʌ 'lɛ:ʌ]
leer (vi, vt)	at læse	[ʌ 'lɛ:sə]
hablar (vi, vt)	at tale	[ʌ 'tæ:lə]
comprender (vt)	at forstå	[ʌ fʌ'stɔ']
escribir (vt)	at skrive	[ʌ 'skʁi:və]
rápidamente (adv)	hurtigt	['hoɡtit]
lentamente (adv)	langsomt	['laŋ‚sʌmt]
con fluidez (adv)	flydende	['fly:ðənə]
reglas (f pl)	regler (f pl)	['ʁɛjlʌ]
gramática (f)	grammatik (f)	[gʁama'tik]
vocabulario (m)	ordforråd (i)	['oɡfɒ‚ʁɔ'ð]
fonética (f)	fonetik (f)	[fonə'tik]
manual (m)	lærebog (f)	['lɛ:ʌ‚bɔ'w]

diccionario (m)	**ordbog** (f)	[ˈoɡˌbɔˀw]
manual (m) autodidáctico	**lærebog** (f)	[ˈlɛːʌˌbɔˀw]
	til selvstudium	tel ˈsɛlˌstuˀdjɔm]
guía (f) de conversación	**parlør** (f)	[paˈlœːɐ̯]
casete (m)	**kassette** (f)	[kaˈsɛtə]
videocasete (f)	**videokassette** (f)	[ˈviˀdjo kaˈsɛtə]
disco compacto, CD (m)	**cd** (f)	[seˈdeˀ]
DVD (m)	**dvd** (f)	[deveˈdeˀ]
alfabeto (m)	**alfabet** (i)	[alfaˈbeˀt]
deletrear (vt)	**at stave**	[ʌ ˈstæːvə]
pronunciación (f)	**udtale** (f)	[ˈuðˌtæːlə]
acento (m)	**accent** (f)	[akˈsaŋ]
con acento	**med accent**	[mɛ akˈsaŋ]
sin acento	**uden accent**	[ˈuðən akˈsaŋ]
palabra (f)	**ord** (i)	[ˈoˀɡ]
significado (m)	**betydning** (f)	[beˈtyðˀneŋ]
cursos (m pl)	**kursus** (i)	[ˈkuɡsʌ]
inscribirse (vr)	**at indmelde sig**	[ʌ ˈenlˌmɛlˀə saj]
profesor (m) (~ de inglés)	**lærer** (f)	[ˈlɛːʌ]
traducción (f) (proceso)	**oversættelse** (f)	[ˈɒwʌˌsɛtəlsə]
traducción (f) (texto)	**oversættelse** (f)	[ˈɒwʌˌsɛtəlsə]
traductor (m)	**oversætter** (f)	[ˈɒwʌˌsɛtʌ]
intérprete (m)	**tolk** (f)	[ˈtʌlˀk]
políglota (m)	**polyglot** (f)	[polyˈglʌt]
memoria (f)	**hukommelse** (f)	[huˈkʌmˀəlsə]

T&P BOOKS

LAS COMIDAS.
EL RESTAURANTE

T&P Books Publishing

cuchara (f)	**ske** (f)	['skeʔ]
cuchillo (m)	**kniv** (f)	['kniwʔ]
tenedor (m)	**gaffel** (f)	['gɑfəl]
taza (f)	**kop** (f)	['kʌp]
plato (m)	**tallerken** (f)	[ta'læɡkən]
platillo (m)	**underkop** (f)	['ɔnʌˌkʌp]
servilleta (f)	**serviet** (f)	[sæɡvi'ɛt]
mondadientes (m)	**tandstikker** (f)	['tanˌstekʌ]

restaurante (m)	**restaurant** (f)	[ʁɛsto'ʁɑn]
cafetería (f)	**cafe, kaffebar** (f)	[ka'feʔ], ['kɑfəˌbɑʔ]
bar (m)	**bar** (f)	['bɑʔ]
salón (m) de té	**tesalon** (f)	['teʔsa'lʌŋ]
camarero (m)	**tjener** (f)	['tjɛːnʌ]
camarera (f)	**servitrice** (f)	[sæɡvi'tʁiːsə]
barman (m)	**bartender** (f)	['bɑːˌtɛndʌ]
carta (f), menú (m)	**menu** (f)	[me'ny]
carta (f) de vinos	**vinkort** (i)	['viːnˌkɔːt]
reservar una mesa	**at bestille et bord**	[ʌ be'stelʔə ed 'boʔɡ]
plato (m)	**ret** (f)	['ʁat]
pedir (vt)	**at bestille**	[ʌ be'stelʔə]
hacer un pedido	**at bestille**	[ʌ be'stelʔə]
aperitivo (m)	**aperitif** (f)	[apeɡi'tif]
entremés (m)	**forret** (f)	['foːʁat]
postre (m)	**dessert** (f)	[de'sɛɡʔt]
cuenta (f)	**regning** (f)	['ʁɑjneŋ]
pagar la cuenta	**at betale regningen**	[ʌ be'tæʔlə 'ʁɑjneŋən]
dar la vuelta	**at give tilbage**	[ʌ 'giʔ te'bæːjə]
propina (f)	**drikkepenge** (pl)	['dʁɛkəˌpɛŋə]

comida (f)	**mad** (f)	['mɑð]
comer (vi, vt)	**at spise**	[ʌ 'spiːsə]

desayuno (m)	**morgenmad** (f)	['mɒːɒnˌmað]
desayunar (vi)	**at spise morgenmad**	[ʌ 'spiːsə 'mɒːɒnˌmað]
almuerzo (m)	**frokost** (f)	['fʁɔkʌst]
almorzar (vi)	**at spise frokost**	[ʌ 'spiːsə 'fʁɔkʌst]
cena (f)	**aftensmad** (f)	['ɑftənsˌmað]
cenar (vi)	**at spise aftensmad**	[ʌ 'spiːsə 'ɑftənsˌmað]
apetito (m)	**appetit** (f)	[ɑpə'tit]
¡Que aproveche!	**Velbekomme!**	['vɛlbə'kʌmˀə]
abrir (vt)	**at åbne**	[ʌ 'ɔːbnə]
derramar (líquido)	**at spilde**	[ʌ 'spilə]
derramarse (líquido)	**at spildes ud**	[ʌ 'spiləs uðˀ]
hervir (vi)	**at koge**	[ʌ 'kɔːwə]
hervir (vt)	**at koge**	[ʌ 'kɔːwə]
hervido (agua ~a)	**kogt**	['kʌgt]
enfriar (vt)	**at afkøle**	[ʌ 'ɑwˌkøˀlə]
enfriarse (vr)	**at afkøles**	[ʌ 'ɑwˌkøˀləs]
sabor (m)	**smag** (f)	['smæˀj]
regusto (m)	**bismag** (f)	['bismæˀj]
adelgazar (vi)	**at være på diæt**	[ʌ 'vɛːʌ pɔˀ di'ɛˀt]
dieta (f)	**diæt** (f)	[di'ɛˀt]
vitamina (f)	**vitamin** (i)	[vita'miˀn]
caloría (f)	**kalorie** (f)	[ka'loɡˀjə]
vegetariano (m)	**vegetar, vegetarianer** (f)	[veɡə'taˀ], [veɡətɑi'æˀnʌ]
vegetariano (adj)	**vegetarisk**	[veɡə'tɑˀisk]
grasas (f pl)	**fedt** (i)	['fet]
proteínas (f pl)	**proteiner** (i pl)	[pʁote'iˀnʌ]
carbohidratos (m pl)	**kulhydrater** (i pl)	['kɔlhyˌdʁɑˀdʌ]
loncha (f)	**skive** (f)	['skiːvə]
pedazo (m)	**stykke** (i)	['støkə]
miga (f)	**krumme** (f)	['kʁɔmə]

51. Los platos

plato (m)	**ret** (f)	['ʁat]
cocina (f)	**køkken** (i)	['køkən]
receta (f)	**opskrift** (f)	['ʌpˌskʁɛft]
porción (f)	**portion** (f)	[pɒ'çoˀn]
ensalada (f)	**salat** (f)	[sa'læˀt]
sopa (f)	**suppe** (f)	['sɔpə]
caldo (m)	**bouillon** (f)	[bul'jʌŋ]
bocadillo (m)	**smørrebrød** (i)	['smœɡʌˌbʁœðˀ]
huevos (m pl) fritos	**spejlæg** (i)	['spɑjlˌɛˀg]

hamburguesa (f)	**hamburger** (f)	['hæ:mˌbœ:gʌ]
bistec (m)	**bøf** (f)	['bøf]
guarnición (f)	**tilbehør** (i)	['telbeˌhø'e̞]
espagueti (m)	**spaghetti** (f)	[spa'gɛti]
puré (m) de patatas	**kartoffelmos** (f)	[kɑ'tʌfəlˌmɔs]
pizza (f)	**pizza** (f)	['pidsa]
gachas (f pl)	**grød** (f)	['gʁœð']
tortilla (f) francesa	**omelet** (f)	[omə'lɛt]
cocido en agua (adj)	**kogt**	['kʌgt]
ahumado (adj)	**røget**	['ʁʌjəð]
frito (adj)	**stegt**	['stɛgt]
seco (adj)	**tørret**	['tœɐ̯ʌð]
congelado (adj)	**frossen**	['fʁɔsən]
marinado (adj)	**syltet**	['syltəð]
azucarado, dulce (adj)	**sød**	['søð']
salado (adj)	**saltet**	['saltəð]
frío (adj)	**kold**	['kʌl']
caliente (adj)	**hed, varm**	['heð'], ['vɑ'm]
amargo (adj)	**bitter**	['betʌ]
sabroso (adj)	**lækker**	['lɛkʌ]
cocer en agua	**at koge**	[ʌ 'kɔ:wə]
preparar (la cena)	**at lave**	[ʌ 'læ:və]
freír (vt)	**at stege**	[ʌ 'stɑjə]
calentar (vt)	**at varme op**	[ʌ 'vɑ:mə ʌp]
salar (vt)	**at salte**	[ʌ 'saltə]
poner pimienta	**at pebre**	[ʌ 'pewʁʌ]
rallar (vt)	**at rive**	[ʌ 'ʁi:və]
piel (f)	**skal, skræl** (f)	['skal'], ['skʁal']
pelar (vt)	**at skrælle**	[ʌ 'skʁalə]

52. La comida

carne (f)	**kød** (i)	['køð]
gallina (f)	**høne** (f)	['hœ:nə]
pollo (m)	**kylling** (f)	['kyleŋ]
pato (m)	**and** (f)	['an']
ganso (m)	**gås** (f)	['gɔ's]
caza (f) menor	**vildt** (i)	['vil't]
pava (f)	**kalkun** (f)	[kal'ku'n]
carne (f) de cerdo	**flæsk** (i)	['flɛsk]
carne (f) de ternera	**kalvekød** (i)	['kalveˌkøð]
carne (f) de carnero	**lammekød** (i)	['lɑməˌkøð]
carne (f) de vaca	**oksekød** (i)	['ʌksəˌkøð]
conejo (m)	**kanin** (f)	[ka'ni'n]

salchichón (m)	**pølse** (f)	['pølsə]
salchicha (f)	**wienerpølse** (f)	['viˀnʌˌpølsə]
beicon (m)	**bacon** (i, f)	['bɛjkʌn]
jamón (m)	**skinke** (f)	['skeŋkə]
jamón (m) fresco	**skinke** (f)	['skeŋkə]

paté (m)	**pate, paté** (f)	[pa'te]
hígado (m)	**lever** (f)	['lewˀʌ]
carne (f) picada	**kødfars** (f)	['køðˌfɑˀs]
lengua (f)	**tunge** (f)	['tɔŋə]

huevo (m)	**æg** (i)	['ɛˀg]
huevos (m pl)	**æg** (i pl)	['ɛˀg]
clara (f)	**hvide** (f)	['viːðə]
yema (f)	**blomme** (f)	['blʌmə]

pescado (m)	**fisk** (f)	['fesk]
mariscos (m pl)	**fisk og skaldyr**	[fesk 'ow 'skaldyɐ̯ˀ]
crustáceos (m pl)	**krebsdyr** (i pl)	['kʁabsˌdyɐ̯ˀ]
caviar (m)	**kaviar** (f)	['kaviˌɑˀ]

cangrejo (m) de mar	**krabbe** (f)	['kʁabə]
camarón (m)	**reje** (f)	['ʁajə]
ostra (f)	**østers** (f)	['østʌs]
langosta (f)	**languster** (f)	[lɑŋ'gustʌ]
pulpo (m)	**blæksprutte** (f)	['blɛkˌspʁutə]
calamar (m)	**blæksprutte** (f)	['blɛkˌspʁutə]

esturión (m)	**stør** (f)	['støˀɐ̯]
salmón (m)	**laks** (f)	['lɑks]
fletán (m)	**helleflynder** (f)	['hɛləˌflønʌ]

bacalao (m)	**torsk** (f)	['tɒːsk]
caballa (f)	**makrel** (f)	[mɑ'kʁalˀ]
atún (m)	**tunfisk** (f)	['tuːnˌfesk]
anguila (f)	**ål** (f)	['ɔˀl]

trucha (f)	**ørred** (f)	['œɐ̯ʌð]
sardina (f)	**sardin** (f)	[sɑ'diˀn]
lucio (m)	**gedde** (f)	['geðə]
arenque (m)	**sild** (f)	['silˀ]

pan (m)	**brød** (i)	['bʁœðˀ]
queso (m)	**ost** (f)	['ɔst]
azúcar (m)	**sukker** (i)	['sɔkʌ]
sal (f)	**salt** (i)	['salˀt]

arroz (m)	**ris** (f)	['ʁiˀs]
macarrones (m pl)	**pasta** (f)	['pasta]
tallarines (m pl)	**nudler** (f pl)	['nuðˀlʌ]
mantequilla (f)	**smør** (i)	['smœɐ̯]
aceite (m) vegetal	**vegetabilsk olie** (f)	[vegəta'biˀlsk 'oljə]

aceite (m) de girasol	solsikkeolie (f)	['soːlˌsekə ˌoljə]
margarina (f)	margarine (f)	[mɑgɑ'ʁiːnə]
olivas, aceitunas (f pl)	oliven (f pl)	[o'liʔvən]
aceite (m) de oliva	olivenolie (f)	[o'liʔvənˌoljə]
leche (f)	mælk (f)	['mɛlʔk]
leche (f) condensada	kondenseret mælk (f)	[kʌndən'seʔʌð mɛlʔk]
yogur (m)	yoghurt (f)	['joˌguɐʔt]
nata (f) agria	cremefraiche,	[kʁɛːm'fʁɛːɕ],
	syrnet fløde (f)	['syɐ̯nəð 'fløːðə]
nata (f) líquida	fløde (f)	['fløːðə]
mayonesa (f)	mayonnaise (f)	[mɑjo'nɛːs]
crema (f) de mantequilla	creme (f)	['kʁɛʔm]
cereales (m pl) integrales	gryn (i)	['gʁyʔn]
harina (f)	mel (i)	['meʔl]
conservas (f pl)	konserves (f)	[kɔn'sæɐ̯vəs]
copos (m pl) de maíz	cornflakes (pl)	['koɐ̯nˌflɛks]
miel (f)	honning (f)	['hʌnəŋ]
confitura (f)	syltetøj (i)	['syltəˌtʌj]
chicle (m)	tyggegummi (i)	['tygəˌgomi]

53. Las bebidas

agua (f)	vand (i)	['vanʔ]
agua (f) potable	drikkevand (i)	['dʁɛkəˌvanʔ]
agua (f) mineral	mineralvand (i)	[minə'ʁalˌvanʔ]
sin gas	uden brus	['uðən 'bʁuʔs]
gaseoso (adj)	med kulsyre	[mɛ 'bʁuʔs]
con gas	med brus	[mɛ 'bʁuʔs]
hielo (m)	is (f)	['iʔs]
con hielo	med is	[mɛ 'iʔs]
sin alcohol	alkoholfri	['alkohʌlˌfʁiʔ]
bebida (f) sin alcohol	alkoholfri drik (f)	['alkohʌlˌfʁiʔ 'dʁɛk]
refresco (m)	læskedrik (f)	['lɛskəˌdʁɛk]
limonada (f)	limonade (f)	[limo'næːðə]
bebidas (f pl) alcohólicas	alkoholiske drikke (f pl)	[alko'hoʔliskə 'dʁɛkə]
vino (m)	vin (f)	['viʔn]
vino (m) blanco	hvidvin (f)	['viðˌviʔn]
vino (m) tinto	rødvin (f)	['ʁœðˌviʔn]
licor (m)	likør (f)	[li'køʔɐ̯]
champaña (f)	champagne (f)	[ɕɑm'panjə]
vermú (m)	vermouth (f)	['væɐ̯mut]

whisky (m)	**whisky** (f)	['wiski]
vodka (m)	**vodka** (f)	['vʌdka]
ginebra (f)	**gin** (f)	['djen]
coñac (m)	**cognac, konjak** (f)	['kʌnʲjɑg]
ron (m)	**rom** (f)	['ʁʌmˀ]
café (m)	**kaffe** (f)	['kɑfə]
café (m) solo	**sort kaffe** (f)	['soʁt 'kɑfə]
café (m) con leche	**kaffe** (f) **med mælk**	['kɑfə mɛ 'mɛlˀk]
capuchino (m)	**cappuccino** (f)	[kɑpu'tji:no]
café (m) soluble	**pulverkaffe** (f)	['pɔlvʌ‚kɑfə]
leche (f)	**mælk** (f)	['mɛlˀk]
cóctel (m)	**cocktail** (f)	['kʌk‚tɛjl]
batido (m)	**milkshake** (f)	['milk‚ɕɛjk]
zumo (m), jugo (m)	**juice** (f)	['dʒuːs]
jugo (m) de tomate	**tomatjuice** (f)	[to'mæːt‚dʒuːs]
zumo (m) de naranja	**appelsinjuice** (f)	[apəl'siˀn 'dʒuːs]
zumo (m) fresco	**friskpresset juice** (f)	['fʁɛsk‚pʁasəð 'dʒuːs]
cerveza (f)	**øl** (i)	['øl]
cerveza (f) rubia	**lyst øl** (i)	['lyst ‚øl]
cerveza (f) negra	**mørkt øl** (i)	['mœʁkt ‚øl]
té (m)	**te** (f)	['teˀ]
té (m) negro	**sort te** (f)	['soʁt ‚teˀ]
té (m) verde	**grøn te** (f)	['gʁœnˀ ‚teˀ]

54. Las verduras

legumbres (f pl)	**grøntsager** (pl)	['gʁœnt‚sæˀjʌ]
verduras (f pl)	**grønt** (i)	['gʁœnˀt]
tomate (m)	**tomat** (f)	[to'mæˀt]
pepino (m)	**agurk** (f)	[a'guʁk]
zanahoria (f)	**gulerod** (f)	['gulə‚ʁoˀð]
patata (f)	**kartoffel** (f)	[kɑ'tʌfəl]
cebolla (f)	**løg** (i)	['lʌjˀ]
ajo (m)	**hvidløg** (i)	['við‚lʌjˀ]
col (f)	**kål** (f)	['kɔˀl]
coliflor (f)	**blomkål** (f)	['blʌm‚kɔˀl]
col (f) de Bruselas	**rosenkål** (f)	['ʁoːsən‚kɔˀl]
brócoli (m)	**broccoli** (f)	['bʁʌkoli]
remolacha (f)	**rødbede** (f)	[ʁœð'beːðə]
berenjena (f)	**aubergine** (f)	[obæʁ'ɕiːn]
calabacín (m)	**squash, zucchini** (f)	['sgwʌɕ], [su'kiːni]
calabaza (f)	**græskar** (i)	['gʁaskɑ]

nabo (m)	majroe (f)	['mɑjˌʁoːə]
perejil (m)	persille (f)	[pæɐ̯'selə]
eneldo (m)	dild (f)	['dil']
lechuga (f)	salat (f)	[sa'læˀt]
apio (m)	selleri (f)	['selʌˌʁiˀ]
espárrago (m)	asparges (f)	[a'spɑˀs]
espinaca (f)	spinat (f)	[spi'næˀt]
guisante (m)	ærter (f pl)	['æɐ̯ˀtʌ]
habas (f pl)	bønner (f pl)	['bœnʌ]
maíz (m)	majs (f)	['mɑjˀs]
fréjol (m)	bønne (f)	['bœnə]
pimiento (m) dulce	peber (i, f)	['pewʌ]
rábano (m)	radiser (f pl)	[ʁɑ'disə]
alcachofa (f)	artiskok (f)	[ˌɑːti'skʌk]

55. Las frutas. Las nueces

fruto (m)	frugt (f)	['fʁɔgt]
manzana (f)	æble (i)	['ɛˀblə]
pera (f)	pære (f)	['pɛˀʌ]
limón (m)	citron (f)	[si'tʁoˀn]
naranja (f)	appelsin (f)	[ɑpəl'siˀn]
fresa (f)	jordbær (i)	['joɐ̯ˌbæɐ̯]
mandarina (f)	mandarin (f)	[mandɑ'ʁiˀn]
ciruela (f)	blomme (f)	['blʌmə]
melocotón (m)	fersken (f)	['fæɐ̯skən]
albaricoque (m)	abrikos (f)	[abʁi'koˀs]
frambuesa (f)	hindbær (i)	['henˌbæɐ̯]
piña (f)	ananas (f)	['ananas]
banana (f)	banan (f)	[ba'næˀn]
sandía (f)	vandmelon (f)	['van me'loˀn]
uva (f)	drue (f)	['dʁuːə]
guinda (f)	kirsebær (i)	['kiɐ̯səˌbæɐ̯]
cereza (f)	morel (f)	[mo'ʁal']
melón (m)	melon (f)	[me'loˀn]
pomelo (m)	grapefrugt (f)	['gʁɛjpˌfʁɔgt]
aguacate (m)	avokado (f)	[avo'kæːdo]
papaya (f)	papaja (f)	[pa'pɑja]
mango (m)	mango (f)	['mɑŋgo]
granada (f)	granatæble (i)	[gʁɑ'næˀtˌɛːblə]
grosella (f) roja	ribs (i, f)	['ʁɛbs]
grosella (f) negra	solbær (i)	['soːlˌbæɐ̯]
grosella (f) espinosa	stikkelsbær (i)	['stekəlsˌbæɐ̯]
arándano (m)	blåbær (i)	['blɔˀˌbæɐ̯]

zarzamoras (f pl)	brombær (i)	[ˈbʁɔmˌbæɡ]
pasas (f pl)	rosin (f)	[ʁoˈsiˀn]
higo (m)	figen (f)	[ˈfiːən]
dátil (m)	daddel (f)	[ˈdaðˀəl]

cacahuete (m)	jordnød (f)	[ˈjoɐ̯ˌnøðˀ]
almendra (f)	mandel (f)	[ˈmanˀəl]
nuez (f)	valnød (f)	[ˈvalˌnøðˀ]
avellana (f)	hasselnød (f)	[ˈhasəlˌnøðˀ]
nuez (f) de coco	kokosnød (f)	[ˈkoːkosˌnøðˀ]
pistachos (m pl)	pistacier (f pl)	[piˈstæːɕʌ]

56. El pan. Los dulces

pasteles (m pl)	konditorvarer (f pl)	[kʌnˈditʌˌvaːɑ]
pan (m)	brød (i)	[ˈbʁœðˀ]
galletas (f pl)	småkager (f pl)	[ˈsmʌˌkæːjʌ]

chocolate (m)	chokolade (f)	[ɕokoˈlæːðə]
de chocolate (adj)	chokolade-	[ɕokoˈlæːðə-]
caramelo (m)	konfekt, karamel (f)	[kɔnˈfɛkt], [kaɑˈmɛlˀ]
tarta (f) (pequeña)	kage (f)	[ˈkæːjə]
tarta (f) (~ de cumpleaños)	lagkage (f)	[ˈlɑwˌkæːjə]

| tarta (f) (~ de manzana) | pie (f) | [ˈpɑːj] |
| relleno (m) | fyld (i, f) | [ˈfylˀ] |

confitura (f)	syltetøj (i)	[ˈsyltəˌtʌj]
mermelada (f)	marmelade (f)	[mɑməˈlæːðə]
gofre (m)	vaffel (f)	[ˈvafəl]
helado (m)	is (f)	[ˈiˀs]
pudin (m)	budding (f)	[ˈbuðeŋ]

57. Las especias

sal (f)	salt (i)	[ˈsalˀt]
salado (adj)	saltet	[ˈsaltəð]
salar (vt)	at salte	[ʌ ˈsaltə]

pimienta (f) negra	sort peber (i, f)	[ˈsoɐ̯t ˈpewʌ]
pimienta (f) roja	rød peber (i, f)	[ˈʁœð ˈpewʌ]
mostaza (f)	sennep (f)	[ˈsenʌp]
rábano (m) picante	peberrod (f)	[ˈpewʌˌʁoˀð]

condimento (m)	krydderi (i)	[kʁyðʌˈʁiˀ]
especia (f)	krydderi (i)	[kʁyðʌˈʁiˀ]
salsa (f)	sovs, sauce (f)	[ˈsɒwˀs]
vinagre (m)	eddike (f)	[ˈɛðikə]

anís (m)	**anis** (f)	['anis]
albahaca (f)	**basilikum** (f)	[ba'sil'ikɔm]
clavo (m)	**nellike** (f)	['nel'ekə]
jengibre (m)	**ingefær** (f)	['eŋə̩fæɐ̯]
cilantro (m)	**koriander** (f)	[kɒi'an'dʌ]
canela (f)	**kanel** (i, f)	[ka'neʔl]
sésamo (m)	**sesam** (f)	['se:sɑm]
hoja (f) de laurel	**laurbærblad** (i)	['lɑwʌbæɐ̯ˌblað]
paprika (f)	**paprika** (f)	['pɑpʁika]
comino (m)	**kommen** (f)	['kʌmən]
azafrán (m)	**safran** (i, f)	[sa'fʁɑʔn]

LA INFORMACIÓN PERSONAL. LA FAMILIA

T&P Books Publishing

nombre (m)	**navn** (i)	['nɑw'n]
apellido (m)	**efternavn** (i)	['ɛftʌˌnɑw'n]
fecha (f) de nacimiento	**fødselsdato** (f)	['føsəlsˌdæ:to]
lugar (m) de nacimiento	**fødested** (i)	['fø:ðəˌstɛð]
nacionalidad (f)	**nationalitet** (f)	[naçonali'te't]
domicilio (m)	**bopæl** (i)	['bo,pɛ'l]
país (m)	**land** (i)	['lan']
profesión (f)	**fag** (i), **profession** (f)	['fæ'j], [pʁofə'ço'n]
sexo (m)	**køn** (i)	['kœn']
estatura (f)	**højde** (f)	['hʌj'də]
peso (m)	**vægt** (f)	['vɛgt]

madre (f)	**mor** (f), **moder** (f)	['moɐ], ['mo:ðʌ]
padre (m)	**far** (f), **fader** (f)	['fɑ:], ['fæ:ðʌ]
hijo (m)	**søn** (f)	['sœn]
hija (f)	**datter** (f)	['datʌ]
hija (f) menor	**yngste datter** (f)	['øŋ'stə 'datʌ]
hijo (m) menor	**yngste søn** (f)	['øŋ'stə 'sœn]
hija (f) mayor	**ældste datter** (f)	['ɛl'stə 'datʌ]
hijo (m) mayor	**ældste søn** (f)	['ɛl'stə sœn]
hermano (m)	**bror** (f)	['bʁoɐ]
hermano (m) mayor	**storebror** (f)	['stoɐˌbʁoɐ]
hermano (m) menor	**lillebror** (f)	['liləˌbʁoɐ]
hermana (f)	**søster** (f)	['søstʌ]
hermana (f) mayor	**storesøster** (f)	['stoɐˌsøstʌ]
hermana (f) menor	**lillesøster** (f)	['liləˌsøstʌ]
primo (m)	**fætter** (f)	['fɛtʌ]
prima (f)	**kusine** (f)	[ku'si:nə]
mamá (f)	**mor** (f)	['moɐ]
papá (m)	**papa, far** (f)	['pɑpa], ['fɑ:]
padres (pl)	**forældre** (pl)	[fʌ'ɛl'dʁʌ]
niño -a (m, f)	**barn** (i)	['bɑ'n]
niños (pl)	**børn** (pl)	['bœɐ'n]
abuela (f)	**bedstemor** (f)	['bɛstəˌmoɐ]
abuelo (m)	**bedstefar** (f)	['bɛstəˌfɑ:]

nieto (m)	**barnebarn** (i)	['bɑːnəˌbɑˀn]
nieta (f)	**barnebarn** (i)	['bɑːnəˌbɑˀn]
nietos (pl)	**børnebørn** (pl)	['bœɐ̯nəˌbœɐ̯ˀn]
tío (m)	**onkel** (f)	['ɔŋˀkəl]
tía (f)	**tante** (f)	['tantə]
sobrino (m)	**nevø** (f)	[ne'vø]
sobrina (f)	**niece** (f)	[ni'ɛːsə]
suegra (f)	**svigermor** (f)	['sviˀʌˌmoɡ]
suegro (m)	**svigerfar** (f)	['sviˀʌˌfɑː]
yerno (m)	**svigersøn** (f)	['sviˀʌˌsœn]
madrastra (f)	**stedmor** (f)	['stɛðˌmoɡ]
padrastro (m)	**stedfar** (f)	['stɛðˌfɑː]
niño (m) de pecho	**spædbarn** (i)	['spɛðˌbɑˀn]
bebé (m)	**spædbarn** (i)	['spɛðˌbɑˀn]
chico (m)	**lille barn** (i)	['lilə 'bɑˀn]
mujer (f)	**kone** (f)	['koːnə]
marido (m)	**mand** (f)	['manˀ]
esposo (m)	**ægtemand** (f)	['ɛgtəˌmanˀ]
esposa (f)	**hustru** (f)	['hustʁu]
casado (adj)	**gift**	['gift]
casada (adj)	**gift**	['gift]
soltero (adj)	**ugift**	['uˌgift]
soltero (m)	**ungkarl** (f)	['ɔŋˌkæˀl]
divorciado (adj)	**fraskilt**	['fʁɑˌskelˀt]
viuda (f)	**enke** (f)	['ɛŋkə]
viudo (m)	**enkemand** (f)	['ɛŋkəˌmanˀ]
pariente (m)	**slægtning** (f)	['slɛgtneŋ]
pariente (m) cercano	**nær slægtning** (f)	['nɛˀɡ 'slɛgtneŋ]
pariente (m) lejano	**fjern slægtning** (f)	['fjæɡˀn 'slɛgtneŋ]
parientes (pl)	**slægtninge** (pl)	['slɛgtneŋə]
huérfano (m), huérfana (f)	**forældreløst barn** (i)	[fʌˀɛlˀdʁʌløːst bɑˀn]
tutor (m)	**formynder** (f)	['fɔːˌmønˀʌ]
adoptar (un niño)	**at adoptere**	[ʌ adʌp'teˀʌ]
adoptar (una niña)	**at adoptere**	[ʌ adʌp'teˀʌ]

60. Los amigos. Los compañeros del trabajo

amigo (m)	**ven** (f)	['vɛn]
amiga (f)	**veninde** (f)	[vɛn'enə]
amistad (f)	**venskab** (i)	['vɛnˌskæˀb]
ser amigo	**at være venner**	[ʌ 'vɛːʌ 'vɛnʌ]
amigote (m)	**ven** (f)	['vɛn]
amiguete (f)	**veninde** (f)	[vɛn'enə]

compañero (m)	**partner** (f)	['pɑːtnʌ]
jefe (m)	**chef** (f)	['ɕɛˀf]
superior (m)	**overordnet** (f)	['ɒwʌˌpˀdnəð]
propietario (m)	**ejer** (f)	['ɑjʌ]
subordinado (m)	**underordnet** (f)	['ɔnʌˌpˀdnəð]
colega (m, f)	**kollega** (f)	[koˈleːga]
conocido (m)	**bekendt** (f)	[beˈkɛnˀt]
compañero (m) de viaje	**medrejsende** (f)	['mɛðˌʁɑjˀsənə]
condiscípulo (m)	**klassekammerat** (f)	['klasə kɑməˈʁɑːt]
vecino (m)	**nabo** (f)	['næːbo]
vecina (f)	**nabo** (f)	['næːbo]
vecinos (pl)	**naboer** (pl)	['næːboˀʌ]

T&P BOOKS

EL CUERPO. LA MEDICINA

T&P Books Publishing

cabeza (f)	**hoved** (i)	['ho:əð]
cara (f)	**ansigt** (i)	['ansegt]
nariz (f)	**næse** (f)	['nɛ:sə]
boca (f)	**mund** (f)	['mɔn']
ojo (m)	**øje** (i)	['ʌjə]
ojos (m pl)	**øjne** (i pl)	['ʌjnə]
pupila (f)	**pupil** (f)	[pu'pil']
ceja (f)	**øjenbryn** (i)	['ʌjən,bʁy'n]
pestaña (f)	**øjenvippe** (f)	['ʌjən,vepə]
párpado (m)	**øjenlåg** (i)	['ʌjən,lɔ'w]
lengua (f)	**tunge** (f)	['tɔŋə]
diente (m)	**tand** (f)	['tan']
labios (m pl)	**læber** (f pl)	['lɛ:bʌ]
pómulos (m pl)	**kindben** (i pl)	['ken,be'n]
encía (f)	**tandkød** (i)	['tan,køð]
paladar (m)	**gane** (f)	['gæ:nə]
ventanas (f pl)	**næsebor** (i pl)	['nɛ:sə,bo'ɐ̯]
mentón (m)	**hage** (f)	['hæ:jə]
mandíbula (f)	**kæbe** (f)	['kɛ:bə]
mejilla (f)	**kind** (f)	['ken']
frente (f)	**pande** (f)	['panə]
sien (f)	**tinding** (f)	['teneŋ]
oreja (f)	**øre** (i)	['ø:ʌ]
nuca (f)	**nakke** (f)	['nɑkə]
cuello (m)	**hals** (f)	['hal's]
garganta (f)	**strube, hals** (f)	['stʁu:bə], ['hal's]
pelo, cabello (m)	**hår** (i pl)	['hɒ']
peinado (m)	**frisure** (f)	[fʁi'sy'ʌ]
corte (m) de pelo	**klipning** (f)	['klepneŋ]
peluca (f)	**paryk** (f)	[pɑ'ʁœk]
bigote (m)	**moustache** (f)	[mu'stæ:ɕ]
barba (f)	**skæg** (i)	['skɛ'g]
tener (~ la barba)	**at have**	[ʌ 'hæ:və]
trenza (f)	**fletning** (f)	['flɛtneŋ]
patillas (f pl)	**bakkenbart** (f)	['bɑkən,bɑ't]
pelirrojo (adj)	**rødhåret**	['ʁœð,hɒ'ɒð]
gris, canoso (adj)	**grå**	['gʁɔ']

| calvo (adj) | **skaldet** | ['skaləð] |
| calva (f) | **skaldet plet** (f) | ['skaləð͵plɛt] |

| cola (f) de caballo | **hestehale** (f) | ['hɛstə͵hæ:lə] |
| flequillo (m) | **pandehår** (i) | ['panə͵hɒˀ] |

62. El cuerpo

| mano (f) | **hånd** (f) | ['hʌnˀ] |
| brazo (m) | **arm** (f) | ['ɑˀm] |

dedo (m)	**finger** (f)	['feŋˀʌ]
dedo (m) del pie	**tå** (f)	['tɔˀ]
dedo (m) pulgar	**tommel** (f)	['tʌməl]
dedo (m) meñique	**lillefinger** (f)	['lilə͵feŋˀʌ]
uña (f)	**negl** (f)	['nɑjˀl]

puño (m)	**knytnæve** (f)	['knyt͵nɛ:və]
palma (f)	**håndflade** (f)	['hʌn͵flæ:ðə]
muñeca (f)	**håndled** (i)	['hʌn͵leð]
antebrazo (m)	**underarm** (f)	['ɔnʌ͵ɑ:m]
codo (m)	**albue** (f)	['al͵bu:ə]
hombro (m)	**skulder** (f)	['skulʌ]

pierna (f)	**ben** (i)	['beˀn]
planta (f)	**fod** (f)	['foˀð]
rodilla (f)	**knæ** (i)	['knɛˀ]
pantorrilla (f)	**læg** (f)	['lɛˀg]

| cadera (f) | **hofte** (f) | ['hʌftə] |
| talón (m) | **hæl** (f) | ['hɛˀl] |

cuerpo (m)	**krop** (f)	['kʁʌp]
vientre (m)	**mave** (f)	['mæ:və]
pecho (m)	**bryst** (i)	['bʁœst]
seno (m)	**bryst** (i)	['bʁœst]
lado (m), costado (m)	**side** (f)	['si:ðə]
espalda (f)	**ryg** (f)	['ʁœg]

| zona (f) lumbar | **lænderyg** (f) | ['lɛnə͵ʁœg] |
| cintura (f), talle (m) | **midje, talje** (f) | ['miðjə], ['taljə] |

ombligo (m)	**navle** (f)	['nɑwlə]
nalgas (f pl)	**baller, balder** (f pl)	['balʌ]
trasero (m)	**bag** (f)	['bæˀj]

lunar (m)	**skønhedsplet** (f)	['skœnheðs͵plɛt]
marca (f) de nacimiento	**modermærke** (i)	['mo:ðʌ'mæg̊kə]
tatuaje (m)	**tatovering** (f)	[tato've'g̊eŋ]
cicatriz (f)	**ar** (i)	['ɑˀ]

63. Las enfermedades

enfermedad (f)	sygdom (f)	['sy:ˌdʌmˀ]
estar enfermo	at være syg	[ʌ 'vɛːʌ syˀ]
salud (f)	helse, sundhed (f)	['hɛlsə], ['sɔnˌheðˀ]
resfriado (m) (coriza)	snue (f)	['snu:ə]
angina (f)	angina (f)	[ɑŋ'gi:na]
resfriado (m)	forkølelse (f)	[fʌ'køˀləlsə]
resfriarse (vr)	at blive forkølet	[ʌ 'bli:ə fʌ'køˀləð]
bronquitis (f)	bronkitis (f)	[bʁʌŋ'kitis]
pulmonía (f)	lungebetændelse (f)	['lɔŋə be'tɛnˀəlsə]
gripe (f)	influenza (f)	[enflu'ɛnsa]
miope (adj)	nærsynet	['næɡˌsyˀnəð]
présbita (adj)	langsynet	['lɑŋˌsyˀnəð]
estrabismo (m)	skeløjethed (f)	['skelˌʌjəðˌheðˀ]
estrábico (m) (adj)	skeløjet	['skelˌʌjˀəð]
catarata (f)	grå stær (f)	['gʁɔˀ 'stɛˀɡ]
glaucoma (m)	glaukom (i), grøn stær (f)	[glaw'koˀm], ['gʁœnˀ 'stɛˀɡ]
insulto (m)	hjerneblødning (f)	['jæɡnəˌbløðnəŋ]
ataque (m) cardiaco	infarkt (i, f)	[en'fɑːkt]
infarto (m) de miocardio	hjerteinfarkt (i, f)	['jæɡtə en'fɑːkt]
parálisis (f)	lammelse (f)	['laməlsə]
paralizar (vt)	at lamme, at paralysere	[ʌ 'lamə], [ʌ paaly'seˀʌ]
alergia (f)	allergi (f)	[alæɡ'giˀ]
asma (f)	astma (f)	['astma]
diabetes (f)	diabetes (f)	[dia'be:təs]
dolor (m) de muelas	tandpine (f)	['tanˌpi:nə]
caries (f)	caries, karies (f)	['kɑˀiəs]
diarrea (f)	diarre (f)	[dia'ʁɛ]
estreñimiento (m)	forstoppelse (f)	[fʌ'stʌpəlsə]
molestia (f) estomacal	mavebesvær (i)	['mæːvəˌbe'svɛˀɡ]
envenenamiento (m)	madforgiftning (f)	['maðfʌˌgiftnəŋ]
envenenarse (vr)	at få madforgiftning	[ʌ 'fɔˀ 'maðfʌˌgiftəˀ]
artritis (f)	artritis (f)	[ɑ'tʁitis]
raquitismo (m)	rakitis (f)	[ʁa'kitis]
reumatismo (m)	reumatisme (f)	[ʁʌjma'tismə]
ateroesclerosis (f)	arterieforkalkning (f)	[ɑ'teˀɡiə fʌ'kalˀknəŋ]
gastritis (f)	gastritis (f)	[ga'stʁitis]
apendicitis (f)	appendicit (f)	[apɛndi'sit]
colecistitis (f)	galdeblærebetændelse (f)	['galəˌblɛːʌ be'tɛnˀəlsə]
úlcera (f)	mavesår (i)	['mæːvəˌsɔˀ]
sarampión (m)	mæslinger (pl)	['mɛsˌleŋˀʌ]

rubeola (f)	røde hunde (f)	['ʁœ:ðə 'hunə]
ictericia (f)	gulsot (f)	['gul‚soˀt]
hepatitis (f)	hepatitis (f)	[hepa'titis]

esquizofrenia (f)	skizofreni (f)	[skidsofʁɛ'niˀ]
rabia (f) (hidrofobia)	rabies (f)	['ʁɑˀbjɛs]
neurosis (f)	neurose (f)	[nœw'ʁo:sə]
conmoción (f) cerebral	hjernerystelse (f)	['jæɐ̯nə‚ʁœstəlsə]

cáncer (m)	kræft (f), cancer (f)	['kʁaft], ['kanˀsʌ]
esclerosis (f)	sklerose (f)	[sklə'ʁo:sə]
esclerosis (m) múltiple	multipel sklerose (f)	[mul'tiˀpəl sklə'ʁo:sə]

alcoholismo (m)	alkoholisme (f)	[alkoho'lismə]
alcohólico (m)	alkoholiker (f)	[alko'hoˀlikʌ]
sífilis (f)	syfilis (f)	['syfilis]
SIDA (m)	AIDS (f)	['ɛjds]

tumor (m)	svulst, tumor (f)	['svulˀst], ['tu:mɒ]
maligno (adj)	ondartet, malign	['ɔn‚ɑˀdəð], [ma'liˀn]
benigno (adj)	godartet, benign	['goð‚ɑˀtəð], [be'niˀn]
fiebre (f)	feber (f)	['feˀbʌ]
malaria (f)	malaria (f)	[ma'lɑˀia]
gangrena (f)	koldbrand (f)	['kʌl‚bʁɑnˀ]
mareo (m)	søsyge (f)	['sø‚sy:ə]
epilepsia (f)	epilepsi (f)	[epilɛp'siˀ]

epidemia (f)	epidemi (f)	[epedə'miˀ]
tifus (m)	tyfus (f)	['tyfus]
tuberculosis (f)	tuberkulose (f)	[tubæɐ̯ku'lo:sə]
cólera (f)	kolera (f)	['koˀləʁɑ]
peste (f)	pest (f)	['pɛst]

64. Los síntomas. Los tratamientos. Unidad 1

síntoma (m)	symptom (i)	[sym'toˀm]
temperatura (f)	temperatur (f)	[tɛmpʁɑ'tuɐ̯ˀ]
fiebre (f)	høj temperatur, feber (f)	['hʌj tɛmpʁɑ'tuɐ̯ˀ], ['feˀbʌ]
pulso (m)	puls (f)	['pulˀs]

mareo (m) (vértigo)	svimmelhed (f)	['svemˀəl‚heðˀ]
caliente (adj)	varm	['vɑˀm]
escalofrío (m)	gysen (f)	['gy:sən]
pálido (adj)	bleg	['blɑjˀ]

tos (f)	hoste (f)	['ho:stə]
toser (vi)	at hoste	[ʌ 'ho:stə]
estornudar (vi)	at nyse	[ʌ 'ny:sə]
desmayo (m)	besvimelse (f)	[be'sviˀməlsə]
desmayarse (vr)	at besvime	[ʌ be'sviˀmə]

moradura (f)	blåt mærke (i)	['blʌt 'mæɐ̯kə]
chichón (m)	bule (f)	['buːlə]
golpearse (vr)	at slå sig	[ʌ 'slɔˀ saj]
magulladura (f)	blåt mærke (i)	['blʌt 'mæɐ̯kə]
magullarse (vr)	at støde sig	[ʌ 'sdøːðə saj]
cojear (vi)	at halte	[ʌ 'haltə]
dislocación (f)	forvridning (f)	[fʌ'vʁiðˀnen]
dislocar (vt)	at forvride	[ʌ fʌ'vʁiðˀə]
fractura (f)	brud (i), fraktur (f)	['bʁuð], [fʁak'tuɐ̯ˀ]
tener una fractura	at få et brud	[ʌ 'fɔˀ ed 'bʁuð]
corte (m) (tajo)	snitsår (i)	['snitˌsɒˀ]
cortarse (vr)	at skære sig	[ʌ 'skɛːʌ saj]
hemorragia (f)	blødning (f)	['bløðnen]
quemadura (f)	brandsår (i)	['bʁanˌsɒˀ]
quemarse (vr)	at brænde sig	[ʌ 'bʁanə saj]
pincharse (~ el dedo)	at stikke	[ʌ 'stekə]
pincharse (vr)	at stikke sig	[ʌ 'stekə saj]
herir (vt)	at skade	[ʌ 'skæːðə]
herida (f)	skade (f)	['skæːðə]
lesión (f) (herida)	sår (i)	['sɒˀ]
trauma (m)	traume, trauma (i)	['tʁawmə], ['tʁawma]
delirar (vi)	at tale i vildelse	[ʌ 'tæːlə i 'vilelsə]
tartamudear (vi)	at stamme	[ʌ 'stamə]
insolación (f)	solstik (i)	['soːlˌstek]

65. Los síntomas. Los tratamientos. Unidad 2

dolor (m)	smerte (f)	['smæɐ̯tə]
astilla (f)	splint (f)	['splenˀt]
sudor (m)	sved (f)	['sveðˀ]
sudar (vi)	at svede	[ʌ 'sveːðə]
vómito (m)	opkastning (f)	['ʌpˌkastnen]
convulsiones (f pl)	kramper (f pl)	['kʁampʌ]
embarazada (adj)	gravid	[gʁa'viðˀ]
nacer (vi)	at fødes	[ʌ 'føːðəs]
parto (m)	fødsel (f)	['føsəl]
dar a luz	at føde	[ʌ 'føːðə]
aborto (m)	abort (f)	[a'bɒˀt]
respiración (f)	åndedræt (i)	['ʌnəˌdʁat]
inspiración (f)	indånding (f)	['enˌʌnˀen]
espiración (f)	udånding (f)	['uðˌʌnˀen]
espirar (vi)	at ånde ud	[ʌ 'ʌnə uð]

inspirar (vi)	**at ånde ind**	[ʌ 'ʌnə en']
inválido (m)	**handikappet person** (f)	['handiˌkapəð pæɡ'so'n]
mutilado (m)	**krøbling** (f)	['kʁœbleŋ]
drogadicto (m)	**narkoman** (f)	[nɑko'mæ'n]
sordo (adj)	**døv**	['dø'w]
mudo (adj)	**stum**	['stɔm']
sordomudo (adj)	**døvstum**	['døwˌstɔm']
loco (adj)	**gal, sindssyg**	['gæ'l], ['sen'ˌsy']
loco (m)	**gal mand** (f)	['gæ'l 'man']
loca (f)	**gal kvinde** (f)	['gæ'l 'kvenə]
volverse loco	**at blive sindssyg**	[ʌ 'bliːə 'sen'ˌsy']
gen (m)	**gen** (i)	['ge'n]
inmunidad (f)	**immunitet** (f)	[imuni'te't]
hereditario (adj)	**arvelig**	['ɑːvəli]
de nacimiento (adj)	**medfødt**	['mɛðˌfø't]
virus (m)	**virus** (i. f)	['viːʁus]
microbio (m)	**mikrobe** (f)	[mi'kʁoːbə]
bacteria (f)	**bakterie** (f)	[bak'teɡ'iə]
infección (f)	**infektion** (f)	[enfɛk'ɕo'n]

66. Los síntomas. Los tratamientos. Unidad 3

hospital (m)	**sygehus** (i)	['syːəˌhu's]
paciente (m)	**patient** (f)	[pa'ɕɛn't]
diagnosis (f)	**diagnose** (f)	[dia'gnoːsə]
cura (f)	**kur, behandling** (f)	['kuɡ'], [be'han'leŋ]
tratamiento (m)	**behandling** (f)	[be'han'leŋ]
curarse (vr)	**at blive behandlet**	[ʌ 'bliːə be'han'ləð]
tratar (vt)	**at behandle**	[ʌ be'han'lə]
cuidar (a un enfermo)	**at pleje**	[ʌ 'plɑjə]
cuidados (m pl)	**pleje** (f)	['plɑjə]
operación (f)	**operation** (f)	[opəʁa'ɕo'n]
vendar (vt)	**at forbinde**	[ʌ fʌ'ben'ə]
vendaje (m)	**forbinding** (f)	[fʌ'ben'eŋ]
vacunación (f)	**vaccination** (f)	[vagsina'ɕo'n]
vacunar (vt)	**at vaccinere**	[ʌ vaksi'ne'ʌ]
inyección (f)	**injektion** (f)	[enjɛk'ɕo'n]
aplicar una inyección	**at give en sprøjte**	[ʌ 'gi' en 'spʁʌjtə]
ataque (m)	**anfald** (i)	['anˌfal']
amputación (f)	**amputation** (f)	[amputa'ɕo'n]
amputar (vt)	**at amputere**	[ʌ ampu'te'ʌ]
coma (m)	**koma** (f)	['koːma]

estar en coma	at ligge i koma	[ʌ 'legə i 'koːma]
revitalización (f)	intensivafdeling (f)	['entən‚siw' 'aw‚de'leŋ]
recuperarse (vr)	at blive rask	[ʌ 'bliːə 'ʁask]
estado (m) (de salud)	tilstand (f)	['tel‚stan']
consciencia (f)	bevidsthed (f)	[be'vest‚heð']
memoria (f)	hukommelse (f)	[hu'kʌm'əlsə]
extraer (un diente)	at trække ud	[ʌ 'tʁakə uð']
empaste (m)	plombe (f)	['plɔmbə]
empastar (vt)	at plombere	[ʌ plɔm'be'ʌ]
hipnosis (f)	hypnose (f)	[hyp'noːsə]
hipnotizar (vt)	at hypnotisere	[ʌ hypnoti'se'ʌ]

67. La medicina. Las drogas. Los accesorios

medicamento (m), droga (f)	medicin (f)	[medi'si'n]
remedio (m)	middel (i)	['mið'əl]
prescribir (vt)	at ordinere	[ʌ ɒdi'ne'ʌ]
receta (f)	recept (f)	[ʁɛ'sɛpt]
tableta (f)	tablet (f), pille (f)	[tab'lɛt], ['pelə]
ungüento (m)	salve (f)	['salvə]
ampolla (f)	ampul (f)	[am'pul']
mixtura (f), mezcla (f)	mikstur (f)	[meks'tuɡ']
sirope (m)	sirup (f)	['si'ʁɔp]
píldora (f)	pille (f)	['pelə]
polvo (m)	pulver (i)	['pɔl'ʋʌ]
venda (f)	gazebind (i)	['gæː sə‚ben']
algodón (m) (discos de ~)	vat (i)	['vat]
yodo (m)	jod (i, f)	['jo'ð]
tirita (f), curita (f)	plaster (i)	['plastʌ]
pipeta (f)	pipette (f)	[pi'pɛtə]
termómetro (m)	termometer (i)	[tæɡmo'me't̩ʌ]
jeringa (f)	sprøjte (f)	['spʁʌjtə]
silla (f) de ruedas	kørestol (f)	['køːʌ‚sto'l]
muletas (f pl)	krykker (f pl)	['kʁœkə]
anestésico (m)	smertestillende medicin (i)	['smæɡdə‚stelənə medi'si'n]
purgante (m)	laksativ (i)	[lɑksa'tiw']
alcohol (m)	sprit (f)	['spʁit]
hierba (f) medicinal	lægeurter (f pl)	['lɛːjə‚uɡ'tʌ]
de hierbas (té ~)	urte-	['uɡtə-]

BOOKS

EL APARTAMENTO

T&P Books Publishing

68. El apartamento

apartamento (m)	lejlighed (f)	['lɑjliˌheð']
habitación (f)	rum, værelse (i)	['ʁɔm'], ['væɡʌlsə]
dormitorio (m)	soveværelse (i)	['sɒwəˌvæɡʌlsə]
comedor (m)	spisestue (f)	['spiːsəˌstuːə]
salón (m)	dagligstue (f)	['dɑwliˌstuːə]
despacho (m)	arbejdsværelse (i)	['ɑːbɑjdsˌvæɡʌlsə]
antecámara (f)	entre (f), forstue (f)	[ɑŋ'tʁɛ], ['fɒˌstuːə]
cuarto (m) de baño	badeværelse (i)	['bæːðəˌvæɡʌlsə]
servicio (m)	toilet (i)	[toa'lɛt]
techo (m)	loft (i)	['lʌft]
suelo (m)	gulv (i)	['gɔl]
rincón (m)	hjørne (i)	['jœɡ'nə]

69. Los muebles. El interior

muebles (m pl)	møbler (pl)	['mø'blʌ]
mesa (f)	bord (i)	['bo'ɡ]
silla (f)	stol (f)	['sto'l]
cama (f)	seng (f)	['sɛŋ']
sofá (m)	sofa (f)	['soːfa]
sillón (m)	lænestol (f)	['lɛːnəˌsto'l]
librería (f)	bogskab (i)	['bɔwˌskæːb]
estante (m)	hylde (f)	['hylə]
armario (m)	klædeskab (i)	['klɛːðəˌskæ'b]
percha (f)	knagerække (f)	['knæːjəˌʁakə]
perchero (m) de pie	stumtjener (f)	['stɔmˌtjɛːnʌ]
cómoda (f)	kommode (f)	[ko'moːðə]
mesa (f) de café	sofabord (i)	['soːfaˌbo'ɡ]
espejo (m)	spejl (i)	['spɑj'l]
tapiz (m)	tæppe (i)	['tɛpə]
alfombra (f)	lille tæppe (i)	['lilə 'tɛpə]
chimenea (f)	pejs (f), kamin (f)	['pɑj's], [ka'mi'n]
vela (f)	lys (i)	['ly's]
candelero (m)	lysestage (f)	['lysəˌstæːjə]
cortinas (f pl)	gardiner (i pl)	[gɑ'di'nʌ]

| empapelado (m) | **tapet** (i) | [ta'pe²t] |
| estor (m) de láminas | **persienne** (f) | [pæɡ'ɕɛnə] |

lámpara (f) de mesa	**bordlampe** (f)	['boɡ̊ˌlɑmpə]
aplique (m)	**væglampe** (f)	['vɛɡ̊ˌlɑmpə]
lámpara (f) de pie	**standerlampe** (f)	['stanʌˌlɑmpə]
lámpara (f) de araña	**lysekrone** (f)	['lysəˌkʁoːnə]

pata (f) (~ de la mesa)	**ben** (i)	['be²n]
brazo (m)	**armlæn** (i)	['ɑ²mˌlɛ²n]
espaldar (m)	**ryg** (f), **ryglæn** (i)	['ʁœɡ], ['ʁœɡˌlɛ²n]
cajón (m)	**skuffe** (f)	['skɔfə]

70. Los accesorios de cama

ropa (f) de cama	**sengetøj** (i)	['sɛŋəˌtʌj]
almohada (f)	**pude** (f)	['puːðə]
funda (f)	**pudebetræk** (i)	['puːðə be'tʁak]
manta (f)	**dyne** (f)	['dyːnə]
sábana (f)	**lagen** (i)	['læj²ən]
sobrecama (f)	**sengetæppe** (i)	['sɛŋəˌtɛpə]

71. La cocina

cocina (f)	**køkken** (i)	['køkən]
gas (m)	**gas** (f)	['gas]
cocina (f) de gas	**gaskomfur** (i)	['gasˌkɔm'fuɡ̊²]
cocina (f) eléctrica	**elkomfur** (i)	['ɛlˌkɔm'fuɡ̊²]
horno (m)	**bageovn** (f)	['bæːjəˌɒw²n]
horno (m) microondas	**mikroovn** (f)	['mikʁoˌɒw²n]

frigorífico (m)	**køleskab** (i)	['køːləˌskæ²b]
congelador (m)	**fryser** (f)	['fʁyːsʌ]
lavavajillas (m)	**opvaskemaskine** (f)	[ʌp'vaskə ma'skiːnə]

picadora (f) de carne	**kødhakker** (f)	['køðˌhakʌ]
exprimidor (m)	**juicepresser** (f)	['dʒuːsˌpʁasʌ]
tostador (m)	**brødrister, toaster** (f)	['bʁœðˌʁɛstʌ], ['towstʌ]
batidora (f)	**mikser, mixer** (f)	['meksʌ]

cafetera (f) (aparato de cocina)	**kaffemaskine** (f)	['kɑfə ma'skiːnə]
cafetera (f) (para servir)	**kaffekande** (f)	['kɑfəˌkanə]
molinillo (m) de café	**kaffekværn** (f)	['kɑfəˌkvæɡ̊²n]

hervidor (m) de agua	**kedel** (f)	['keðəl]
tetera (f)	**tekande** (f)	['teˌkanə]
tapa (f)	**låg** (i)	['lɔ²w]

colador (m) de té	tesi (f)	['te'si']
cuchara (f)	ske (f)	['ske']
cucharilla (f)	teske (f)	['te'ske']
cuchara (f) de sopa	spiseske (f)	['spi:sə‚ske']
tenedor (m)	gaffel (f)	['gɑfəl]
cuchillo (m)	kniv (f)	['kniw']
vajilla (f)	service (i)	[sæɐ'vi:sə]
plato (m)	tallerken (f)	[ta'læɐkən]
platillo (m)	underkop (f)	['ɔnʌ‚kʌp]
vaso (m) de chupito	shotglas (i)	['ɕʌt‚glas]
vaso (m) (~ de agua)	glas (i)	['glas]
taza (f)	kop (f)	['kʌp]
azucarera (f)	sukkerskål (f)	['sɔkʌ‚skɔ'l]
salero (m)	saltbøsse (f)	['salt‚bøsə]
pimentero (m)	peberbøsse (f)	['pewʌ‚bøsə]
mantequera (f)	smørskål (f)	['smœɐ‚skɔ'l]
cacerola (f)	gryde (f)	['gʁy:ðə]
sartén (f)	stegepande (f)	['stɑjə‚panə]
cucharón (m)	slev (f)	['slew']
colador (m)	dørslag (i)	['dœɐ‚slæ'j]
bandeja (f)	bakke (f)	['bɑkə]
botella (f)	flaske (f)	['flaskə]
tarro (m) de vidrio	glasdåse (f)	['glas‚dɔ:sə]
lata (f)	dåse (f)	['dɔ:sə]
abrebotellas (m)	oplukker (f)	['ʌp‚lɔkʌ]
abrelatas (m)	dåseåbner (f)	['dɔ:sə‚ɔ:bnʌ]
sacacorchos (m)	proptrækker (f)	['pʁʌp‚tʁakʌ]
filtro (m)	filter (i)	['fil'tʌ]
filtrar (vt)	at filtrere	[ʌ fil'tʁɛ'ʌ]
basura (f)	affald, skrald (i)	['ɑw‚fal'], ['skʁɑl']
cubo (m) de basura	skraldespand (f)	['skʁɑlə‚span']

72. El baño

cuarto (m) de baño	badeværelse (i)	['bæ:ðə‚væɐʌlsə]
agua (f)	vand (i)	['van']
grifo (m)	hane (f)	['hæ:nə]
agua (f) caliente	varmt vand (i)	['vɑ'mt van']
agua (f) fría	koldt vand (i)	['kʌlt van']
pasta (f) de dientes	tandpasta (f)	['tan‚pasta]
limpiarse los dientes	at børste tænder	[ʌ 'bœɐstə 'tɛnʌ]
cepillo (m) de dientes	tandbørste (f)	['tan‚bœɐstə]

afeitarse (vr)	at barbere sig	[ʌ bɑ'be'ʌ sɑj]
espuma (f) de afeitar	barberskum (i)	[bɑ'be'ɡ̣ˌskɔm']
maquinilla (f) de afeitar	skraber (f)	['skʁɑ:bʌ]

lavar (vt)	at vaske	[ʌ 'vaskə]
darse un baño	at vaske sig	[ʌ 'vaskə sɑj]
ducha (f)	brusebad (i)	['bʁu:səˌbɑð]
darse una ducha	at tage brusebad	[ʌ 'tæ' 'bʁu:səˌbɑð]

bañera (f)	badekar (i)	['bæ:ðəˌkɑ]
inodoro (m)	toiletkumme (f)	[toa'lɛt 'kɔmə]
lavabo (m)	håndvask (f)	['hʌn'ˌvask]

| jabón (m) | sæbe (f) | ['sɛ:bə] |
| jabonera (f) | sæbeskål (f) | ['sɛ:bəˌskɔ'l] |

esponja (f)	svamp (f)	['svɑm'p]
champú (m)	shampoo (f)	['ɕæ:mˌpu:]
toalla (f)	håndklæde (i)	['hʌnˌklɛ:ðə]
bata (f) de baño	badekåbe (f)	['bæ:ðəˌkɔ:bə]

colada (f), lavado (m)	vask (f)	['vask]
lavadora (f)	vaskemaskine (f)	['vaskə ma'ski:nə]
lavar la ropa	at vaske tøj	[ʌ 'vaskə 'tʌj]
detergente (m) en polvo	vaskepulver (i)	['vaskəˌpol'vʌ]

73. Los aparatos domésticos

televisor (m)	tv, fjernsyn (i)	['te'ˌve'], ['fjæɡ̣nˌsy'n]
magnetófono (m)	båndoptager (f)	['bonˌʌbtæ'ʌ]
vídeo (m)	video (f)	['vi'djo]
radio (m)	radio (i)	['ʁɑ'djo]
reproductor (m) (~ MP3)	afspiller (f)	['ɑwˌspel'ʌ]

proyector (m) de vídeo	projektor (f)	[pʁo'ɕɛktʌ]
sistema (m) home cinema	hjemmebio (f)	['jɛməˌbi:o]
reproductor (m) de DVD	dvd-afspiller (f)	[deve'de' ɑw'spel'ʌ]
amplificador (m)	forstærker (f)	[fʌ'stæɡ̣kʌ]
videoconsola (f)	spillekonsol (f)	['spelə kɔn'sʌl']

cámara (f) de vídeo	videokamera (i)	['vi'djo ˌkæ'məʁɑ]
cámara (f) fotográfica	kamera (i)	['kæ'məʁɑ]
cámara (f) digital	digitalkamera (i)	[digi'tæ'l ˌkæ'məʁɑ]

aspirador (m), aspiradora (f)	støvsuger (f)	['støwˌsu'ʌ]
plancha (f)	strygejern (i)	['stʁyəˌjæɡ̣'n]
tabla (f) de planchar	strygebræt (i)	['stʁyəˌbʁat]

| teléfono (m) | telefon (f) | [teləˈfo'n] |
| teléfono (m) móvil | mobiltelefon (f) | [mo'bil teləˈfo'n] |

| máquina (f) de escribir | skrivemaskine (f) | ['skʁiːvə ma'skiːnə] |
| máquina (f) de coser | symaskine (f) | ['syma‚skiːnə] |

micrófono (m)	mikrofon (f)	[mikʁoˈfoˀn]
auriculares (m pl)	hovedtelefoner (f pl)	['hoːəð teləˈfoˀnʌ]
mando (m) a distancia	fjernbetjening (f)	['fjæɐ̯n be'tjɛˀneŋ]

CD (m)	cd (f)	[se'deˀ]
casete (m)	kassette (f)	[ka'sɛtə]
disco (m) de vinilo	plade (f)	['plæːðə]

T&P BOOKS

LA TIERRA. EL TIEMPO

T&P Books Publishing

cosmos (m)	**rummet, kosmos** (i)	['ʁɔmet], ['kʌsmʌs]
espacial, cósmico (adj)	**rum-**	['ʁɔm-]
espacio (m) cósmico	**ydre rum** (i)	['yðʁʌ ʁɔmˀ]
mundo (m)	**verden** (f)	['væɐ̯dən]
universo (m)	**univers** (i)	[uni'væɐ̯s]
galaxia (f)	**galakse** (f)	[ga'lɑksə]
estrella (f)	**stjerne** (f)	['stjæɐ̯nə]
constelación (f)	**stjernebillede** (i)	['stjæɐ̯nə‚beləðə]
planeta (m)	**planet** (f)	[pla'neˀt]
satélite (m)	**satellit** (f)	[satə'lit]
meteorito (m)	**meteorit** (f)	[meteo'ʁit]
cometa (m)	**komet** (f)	[ko'meˀt]
asteroide (m)	**asteroide** (f)	[astəʁo'iːðə]
órbita (f)	**bane** (f)	['bæːnə]
girar (vi)	**at rotere**	[ʌ ʁo'teˀʌ]
atmósfera (f)	**atmosfære** (f)	[atmo'sfɛːʌ]
Sol (m)	**Solen**	['soːlən]
sistema (m) solar	**solsystem** (i)	['soːl sy'steˀm]
eclipse (m) de Sol	**solformørkelse** (f)	['soːl fʌ'mœɐ̯kəlsə]
Tierra (f)	**Jorden**	['joˀɐ̯ən]
Luna (f)	**Månen**	['mɔːnən]
Marte (m)	**Mars**	['mɑˀs]
Venus (f)	**Venus**	['veːnus]
Júpiter (m)	**Jupiter**	['jupitʌ]
Saturno (m)	**Saturn**	['sæ‚tuɐ̯n]
Mercurio (m)	**Merkur**	[mæɐ̯'kuɐ̯ˀ]
Urano (m)	**Uranus**	[u'ʁɑnus]
Neptuno (m)	**Neptun**	[nɛp'tuˀn]
Plutón (m)	**Pluto**	['pluto]
la Vía Láctea	**Mælkevejen**	['mɛlkə‚vɑjən]
la Osa Mayor	**Store Bjørn**	['stoɐ̯ ‚bjœɐ̯ˀn]
la Estrella Polar	**Polarstjernen**	[po'lɑ‚stjæɐ̯nən]
marciano (m)	**marsboer** (f)	['mɑˀs‚boˀʌ]
extraterrestre (m)	**ikkejordisk væsen** (i)	[‚ekə'joɐ̯disk ‚vɛˀsən]

planetícola (m)	**rumvæsen** (i)	['ʁɔmˌvɛˀsən]
platillo (m) volante	**flyvende tallerken** (f)	['fly:vənə ta'læɡkən]
nave (f) espacial	**rumskib** (i)	['ʁɔmˌskiˀb]
estación (f) orbital	**rumstation** (f)	['ʁɔm staˈɕoˀn]
despegue (m)	**start** (f)	['stɑˀt]
motor (m)	**motor** (f)	['mo:tʌ]
tobera (f)	**dyse** (f)	['dysə]
combustible (m)	**brændsel** (i)	['bʁanˀsəl]
carlinga (f)	**cockpit** (i)	['kʌkˌpit]
antena (f)	**antenne** (f)	[an'tɛnə]
ventana (f)	**koøje** (i)	['koˌʌjə]
batería (f) solar	**solbatteri** (i)	['so:lbatʌ'ʁiˀ]
escafandra (f)	**rumdragt** (f)	['ʁɔmˌdʁɑgt]
ingravidez (f)	**vægtløshed** (f)	['vɛgtløːsˌheðˀ]
oxígeno (m)	**ilt** (f), **oxygen** (i)	['ilˀt], [ʌgsy'geˀn]
atraque (m)	**dokning** (f)	['dʌknen]
realizar el atraque	**at dokke**	[ʌ 'dʌkə]
observatorio (m)	**observatorium** (i)	[ʌbsæɡva'toɡˀjɔm]
telescopio (m)	**teleskop** (i)	[telə'skoˀp]
observar (vt)	**at observere**	[ʌ ʌbsæɡ've'ˀʌ]
explorar (~ el universo)	**at udforske**	[ʌ 'uðˌfɔ:skə]

75. La tierra

Tierra (f)	**Jorden**	['joˀɡən]
globo (m) terrestre	**jordklode** (f)	['joɡˌkloːðə]
planeta (m)	**planet** (f)	[pla'neˀt]
atmósfera (f)	**atmosfære** (f)	[atmo'sfɛːʌ]
geografía (f)	**geografi** (f)	[geogʁa'fiˀ]
naturaleza (f)	**natur** (f)	[na'tuɡˀ]
globo (m) terráqueo	**globus** (f)	['glo:bus]
mapa (m)	**kort** (i)	['kɔ:t]
atlas (m)	**atlas** (i)	['atlas]
Europa (f)	**Europa**	[œw'ʁoːpa]
Asia (f)	**Asien**	['æˀɕən]
África (f)	**Afrika**	['ɑfʁika]
Australia (f)	**Australien**	[ɑw'stʁɑˀljən]
América (f)	**Amerika**	[ɑ'meʁika]
América (f) del Norte	**Nordamerika**	['noɡ ɑ'meʁika]
América (f) del Sur	**Sydamerika**	['syð ɑ'meʁika]

| Antártida (f) | **Antarktis** | [an'taˀktis] |
| Ártico (m) | **Arktis** | ['aˀktis] |

76. Los puntos cardinales

norte (m)	**nord** (i)	['noˀɐ̯]
al norte	**mod nord**	[moð 'noˀɐ̯]
en el norte	**i nord**	[i 'noˀɐ̯]
del norte (adj)	**nordlig**	['noɐ̯li]

sur (m)	**syd** (f)	['syð]
al sur	**mod syd**	[moð 'syð]
en el sur	**i syd**	[i 'syð]
del sur (adj)	**sydlig**	['syðli]

oeste (m)	**vest** (f)	['vɛst]
al oeste	**mod vest**	[moð 'vɛst]
en el oeste	**i vest**	[i 'vɛst]
del oeste (adj)	**vestlig**	['vɛstli]

este (m)	**øst** (f)	['øst]
al este	**mod øst**	[moð 'øst]
en el este	**i øst**	[i 'øst]
del este (adj)	**østlig**	['østli]

77. El mar. El océano

mar (m)	**hav** (i)	['haw]
océano (m)	**ocean** (i)	[oseˈæˀn]
golfo (m)	**bugt** (f)	['bɔgt]
estrecho (m)	**stræde** (i), **sund** (i)	['stʁɛːðə], ['sɔnˀ]

tierra (f) firme	**land** (i)	['lanˀ]
continente (m)	**fastland, kontinent** (i)	['fastˌlanˀ], [kʌntiˈnɛnˀt]
isla (f)	**ø** (f)	['øˀ]
península (f)	**halvø** (f)	['halˌøˀ]
archipiélago (m)	**øhav, arkipelag** (i)	['øˌhaw], [akipeˈlæˀj]

bahía (f)	**bugt** (f)	['bɔgt]
ensenada, bahía (f)	**havn** (f)	['hawˀn]
laguna (f)	**lagune** (f)	[laˈguːnə]
cabo (m)	**kap** (i)	['kap]

atolón (m)	**atol** (f)	[aˈtʌlˀ]
arrecife (m)	**rev** (i)	['ʁɛw]
coral (m)	**koral** (f)	[koˈʁalˀ]
arrecife (m) de coral	**koralrev** (i)	[koˈʁalˌʁɛw]
profundo (adj)	**dyb**	['dyˀb]

profundidad (f)	**dybde** (f)	['dybdə]
abismo (m)	**afgrund** (f), **dyb** (i)	['ɑwˌɡʁɔnˀ], ['dyˀb]
fosa (f) oceánica	**oceangrav** (f)	[osəˌæn 'ɡʁɑˀw]
corriente (f)	**strøm** (f)	['stʁœmˀ]
bañar (rodear)	**at omgive**	[ʌ 'ʌmˌɡiˀ]
orilla (f)	**kyst** (f)	['køst]
costa (f)	**kyst** (f)	['køst]
flujo (m)	**flod** (f)	['floˀð]
reflujo (m)	**ebbe** (i)	['ɛbə]
banco (m) de arena	**sandbanke** (f)	['sanˌbɑŋkə]
fondo (m)	**bund** (f)	['bɔnˀ]
ola (f)	**bølge** (f)	['bøljə]
cresta (f) de la ola	**bølgekam** (f)	['bøljəˌkamˀ]
espuma (f)	**skum** (i)	['skɔmˀ]
tempestad (f)	**storm** (f)	['stɒˀm]
huracán (m)	**orkan** (f)	[ɒ'kæˀn]
tsunami (m)	**tsunami** (f)	[tsu'nɑːmi]
bonanza (f)	**stille** (i)	['stelə]
calmo, tranquilo	**stille**	['stelə]
polo (m)	**pol** (f)	['poˀl]
polar (adj)	**polar-**	[po'lɑ-]
latitud (f)	**bredde** (f)	['bʁɛˀdə]
longitud (f)	**længde** (f)	['lɛŋˀdə]
paralelo (m)	**breddegrad** (f)	['bʁɛˀdəˌɡʁɑˀð]
ecuador (m)	**ækvator** (f)	[ɛ'kvæːtʌ]
cielo (m)	**himmel** (f)	['heməl]
horizonte (m)	**horisont** (f)	[hɒi'sʌnˀt]
aire (m)	**luft** (f)	['lɔft]
faro (m)	**fyr** (i)	['fyɐ̯ˀ]
bucear (vi)	**at dykke**	[ʌ 'døkə]
hundirse (vr)	**at synke**	[ʌ 'søŋkə]
tesoros (m pl)	**skatte** (f pl)	['skatə]

78. Los nombres de los mares y los océanos

océano (m) Atlántico	**Atlanterhavet**	[at'lanˀtʌˌhæˀvəð]
océano (m) Índico	**Det Indiske Ocean**	[de 'enˀdiskə osə'æˀn]
océano (m) Pacífico	**Stillehavet**	['stelə ˌhæˀvəð]
océano (m) Glacial Ártico	**Polarhavet**	[po'lɑ ˌhæˀvəð]
mar (m) Negro	**Sortehavet**	['soɐ̯tə ˌhæˀvəð]
mar (m) Rojo	**Rødehavet**	['ʁœːðə ˌhæˀvəð]

| mar (m) Amarillo | Det Gule hav | [de 'gulə 'haw] |
| mar (m) Blanco | Hvidehavet | ['vi:ðəˌhæˀvəð] |

mar (m) Caspio	Det Kaspiske Hav	[de 'kaspi:skə 'haw]
mar (m) Muerto	Dødehavet	['dø:ðəˌhæˀvəð]
mar (m) Mediterráneo	Middelhavet	['miðəlˌhæˀvəð]

| mar (m) Egeo | Ægæerhavet | [ɛ'gɛˀɛʌ 'hæˀvəð] |
| mar (m) Adriático | Adriaterhavet | [æˀdʁi'æˀtʌ 'hæˀvəð] |

mar (m) Arábigo	Arabiahavet	[ɑ'ʁɑˀbia 'hæˀvəð]
mar (m) del Japón	Det Japanske Hav	[de ja'pæˀnskə 'haw]
mar (m) de Bering	Beringshavet	['be:ʁeŋsˌhæˀvəð]
mar (m) de la China Meridional	Det Sydkinesiske Hav	[de 'syðkiˌne:siskə 'haw]

mar (m) del Coral	Koralhavet	[ko'ʁalˌhæˀvəð]
mar (m) de Tasmania	Det Tasmanske hav	[de tas'manskə 'haw]
mar (m) Caribe	Det Caribiske Hav	[de kɑ'ʁibiskə ˌhaw]

| mar (m) de Barents | Barentshavet | ['bɑːæntsˌhæˀvəð] |
| mar (m) de Kara | Karahavet | ['kɑɑˌhæˀvəð] |

mar (m) del Norte	Nordsøen	['noɐ̯ˌsøˀən]
mar (m) Báltico	Østersøen	['østʌˌsøˀən]
mar (m) de Noruega	Norskehavet	['nɒːskəˌhæˀvəð]

79. Las montañas

montaña (f)	bjerg (i)	['bjæɐ̯ˀw]
cadena (f) de montañas	bjergkæde (f)	['bjæɐ̯wˌkɛːðə]
cresta (f) de montañas	bjergryg (f)	['bjæɐ̯wˌʁœg]

cima (f)	top (f), bjergtop (f)	['tʌp], ['bjæɐ̯wˌtʌp]
pico (m)	tinde (f)	['tenə]
pie (m)	fod (f)	['foˀð]
cuesta (f)	skråning (f)	['skʁɔˀneŋ]

volcán (m)	vulkan (f)	[vul'kæˀn]
volcán (m) activo	aktiv vulkan (f)	['akˌtiwˀ vul'kæˀn]
volcán (m) apagado	udslukt vulkan (f)	['uðˌslɔkt vul'kæˀn]

erupción (f)	udbrud (i)	['uðˌbʁuð]
cráter (m)	krater (i)	['kʁɑˀtʌ]
magma (m)	magma (i, f)	['mɑwma]
lava (f)	lava (f)	['læːva]
fundido (lava ~a)	glødende	['gløːðənə]

| cañón (m) | canyon (f) | ['kanjʌn] |
| desfiladero (m) | kløft (f) | ['kløft] |

| grieta (f) | revne (f) | ['ʁawnə] |
| precipicio (m) | afgrund (f) | ['ɑwˌgʁɔnˀ] |

puerto (m) (paso)	pas (i)	['pas]
meseta (f)	plateau (i)	[pla'to]
roca (f)	klippe (f)	['klepə]
colina (f)	bakke (f)	['bɑkə]

glaciar (m)	gletsjer (f)	['glɛtɕʌ]
cascada (f)	vandfald (i)	['vanˌfalˀ]
geiser (m)	gejser (f)	['gɑjˀsʌ]
lago (m)	sø (f)	['søˀ]

llanura (f)	slette (f)	['slɛtə]
paisaje (m)	landskab (i)	['lanˌskæˀb]
eco (m)	ekko (i)	['ɛko]

alpinista (m)	alpinist (f)	[alpi'nist]
escalador (m)	bjergbestiger (f)	['bjæɐ̯wbe'stiˀə]
conquistar (vt)	at erobre	[ʌ e'ʁoˀbʁʌ]
ascensión (f)	bestigning (f)	[be'stiˀneŋ]

80. Los nombres de las montañas

Alpes (m pl)	Alperne	['alpɒnə]
Montblanc (m)	Mont Blanc	[ˌmɒn'blʌn]
Pirineos (m pl)	Pyrenæerne	[pyɐ̯'nɛːɐ̯nə]

Cárpatos (m pl)	Karpaterne	[kɑː'pætɒnə]
Urales (m pl)	Uralbjergene	[u:'ʁæˀl 'bjæɐ̯ˀwənə]
Cáucaso (m)	Kaukasus	['kɑukasus]
Elbrus (m)	Elbrus	[ɛl'bʁu:s]

Altai (m)	Altaj	[al'tɑj]
Tian-Shan (m)	Tien-Shan	[ti'enˌɕæn]
Pamir (m)	Pamir	[pæ'miɐ̯ˀ]
Himalayos (m pl)	Himalaya	[hima'lɑja]
Everest (m)	Everest	['ɛːvʁɛst]

| Andes (m pl) | Andesbjergene | ['anəs 'bjæɐ̯ˀwənə] |
| Kilimanjaro (m) | Kilimanjaro | [kiliman'dʒaʁo:] |

81. Los ríos

río (m)	flod (f)	['floˀð]
manantial (m)	kilde (f)	['kilə]
lecho (m) (curso de agua)	flodseng (f)	['floðˌsɛŋˀ]
cuenca (f) fluvial	flodbassin (i)	['floð ba'sɛŋ]

desembocar en ...	at munde ud ...	[ʌ 'mɔnə uð' ...]
afluente (m)	biflod (f)	['bi,flo'ð]
ribera (f)	bred (f)	['bʁɛð']
corriente (f)	strøm (f)	['stʁœm']
río abajo (adv)	nedstrøms	['neð,stʁœm's]
río arriba (adv)	opstrøms	['ʌp,stʁœm's]
inundación (f)	oversvømmelse (f)	['ɒwʌ,svœm'əlsə]
riada (f)	flom (f)	['flʌm']
desbordarse (vr)	at flyde over	[ʌ 'fly:ðə 'ɒw'ʌ]
inundar (vt)	at oversvømme	[ʌ 'ɒwʌ,svœm'ə]
bajo (m) arenoso	grund (f)	['gʁɔn']
rápido (m)	strømfald (i)	['stʁœm,fal']
presa (f)	dæmning (f)	['dɛmnəŋ]
canal (m)	kanal (f)	[ka'næ'l]
lago (m) artificiale	reservoir (i)	[ʁɛsæɐvo'ɑ:]
esclusa (f)	sluse (f)	['slu:sə]
cuerpo (m) de agua	vandområde (i)	['van 'ʌm,ʁɔ:ðə]
pantano (m)	sump, mose (f)	['sɔm'p], ['mo:sə]
ciénaga (f)	hængesæk (f)	['hɛŋə,sɛk]
remolino (m)	strømhvirvel (f)	['stʁœm,viɐ'wəl]
arroyo (m)	bæk (f)	['bɛk]
potable (adj)	drikke-	['dʁɛkə-]
dulce (agua ~)	ferske	['fæɐskə]
hielo (m)	is (f)	['i's]
helarse (el lago, etc.)	at fryse til	[ʌ 'fʁy:sə tel]

82. Los nombres de los ríos

Sena (m)	Seinen	['sɛ:nən]
Loira (m)	Loire	[lu'ɒ:ʁ]
Támesis (m)	Themsen	['tɛmsən]
Rin (m)	Rhinen	['ʁi:nən]
Danubio (m)	Donau	[do'nɑu]
Volga (m)	Volga	['vɔlga]
Don (m)	Don	['dɔn]
Lena (m)	Lena	['le:na]
Río (m) Amarillo	Huang He	[hu,ɑŋg'he:]
Río (m) Azul	Yangtze	['jɑŋtsə]
Mekong (m)	Mekong	[me'kɔŋ]
Ganges (m)	Ganges	['gɑ:ŋəs]

Nilo (m)	**Nilen**	['ni:lən]
Congo (m)	**Congo**	['kʌngo]
Okavango (m)	**Okavango**	[ɔka'vɑngo]
Zambeze (m)	**Zambezi**	[sɑm'bɛsi]
Limpopo (m)	**Limpopo**	[li:mpopo]
Misisipi (m)	**Mississippi**	['misisi:pi]

83. El bosque

bosque (m)	**skov** (f)	['skɒwˀ]
de bosque (adj)	**skov-**	['skɒw-]
espesura (f)	**tæt skov** (f)	['tɛt ˌskɒwˀ]
bosquecillo (m)	**lund** (f)	['lɔnˀ]
claro (m)	**lysning** (f)	['lysneŋ]
maleza (f)	**tæt krat** (i)	['tɛt 'kʁɑt]
matorral (m)	**buskads** (i)	[bu'skæˀs]
senda (f)	**sti** (f)	['stiˀ]
barranco (m)	**ravine** (f)	[ʁɑ'vi:nə]
árbol (m)	**træ** (i)	['tʁɛˀ]
hoja (f)	**blad** (i)	['blað]
follaje (m)	**løv** (i)	['løˀw]
caída (f) de hojas	**løvfald** (i)	['løwˌfalˀ]
caer (las hojas)	**at falde**	[ʌ 'falə]
cima (f)	**trætop** (f)	['tʁɛˌtʌp]
rama (f)	**kvist** (f)	['kvest]
rama (f) (gruesa)	**gren** (f)	['gʁɛˀn]
brote (m)	**knop** (f)	['knɔp]
aguja (f)	**nål** (f)	['nɔˀl]
piña (f)	**kogle** (f)	['kɒwlə]
agujero (m)	**træhul** (i)	['tʁɛˌhɔl]
nido (m)	**rede** (f)	['ʁɛ:ðə]
tronco (m)	**stamme** (f)	['stɑmə]
raíz (f)	**rod** (f)	['ʁoˀð]
corteza (f)	**bark** (f)	['bɑːk]
musgo (m)	**mos** (i)	['mɔs]
extirpar (vt)	**at rykke op med rode**	[ʌ 'ʁœkə ʌp mɛ 'ʁo:ðə]
talar (vt)	**at fælde**	[ʌ 'fɛlə]
deforestar (vt)	**at hugge ned**	[ʌ 'hɔgə 'neðˀ]
tocón (m)	**træstub** (f)	['tʁɛˌstub]
hoguera (f)	**bål** (i)	['bɔˀl]
incendio (m) forestal	**skovbrand** (f)	['skɒwˌbʁɑnˀ]

apagar (~ el incendio)	at slukke	[ʌ 'sɭɔkə]
guarda (m) forestal	skovløber (f)	['skɒwˌløːbʌ]
protección (f)	værn (i), beskyttelse (f)	['væɡʔn], [be'skøtəlsə]
proteger (vt)	at beskytte	[ʌ be'skøtə]
cazador (m) furtivo	krybskytte (f)	['kʁybˌskøtə]
cepo (m)	saks (f), fælde (f)	['saks], ['fɛlə]
recoger (setas, bayas)	at plukke	[ʌ 'plɔkə]
perderse (vr)	at fare vild	[ʌ 'faːɑ 'vilʔ]

84. Los recursos naturales

recursos (m pl) naturales	naturressourcer (f pl)	[naˈtuɡ ʁɛˈsuɡsʌ]
recursos (m pl) subterráneos	mineraler (i pl)	[mineˈʁɑʔlʌ]
depósitos (m pl)	forekomster (f pl)	['fɔːɒˌkʌmˀstʌ]
yacimiento (m)	felt (i)	['fɛlʔt]
extraer (vt)	at udvinde	[ʌ 'uðˌvenʔə]
extracción (f)	udvinding (f)	['uðˌvenen]
mena (f)	malm (f)	['malʔm]
mina (f)	mine (f)	['miːnə]
pozo (m) de mina	mineskakt (f)	['minəˌskakt]
minero (m)	minearbejder (f)	['miːnəˈɑːˌbɑjʔdʌ]
gas (m)	gas (f)	['gas]
gasoducto (m)	gasledning (f)	['gasˌleðnen]
petróleo (m)	olie (f)	['oljə]
oleoducto (m)	olieledning (f)	['oljəˌleðnen]
pozo (m) de petróleo	oliebrønd (f)	['oljəˌbʁœnʔ]
torre (f) de sondeo	boretårn (i)	['boːʌˌtoʔn]
petrolero (m)	tankskib (i)	['taŋkˌskiʔb]
arena (f)	sand (i)	['sanʔ]
caliza (f)	kalksten (f)	['kalkˌsteʔn]
grava (f)	grus (i)	['gʁuʔs]
turba (f)	tørv (f)	['tœɡʔw]
arcilla (f)	ler (i)	['leʔɡ]
carbón (m)	kul (i)	['kɔl]
hierro (m)	jern (i)	['jæɡʔn]
oro (m)	guld (i)	['gul]
plata (f)	sølv (i)	['søl]
níquel (m)	nikkel (i)	['nekəl]
cobre (m)	kobber (i)	['kɒwˀʌ]
zinc (m)	zink (i, f)	['seŋʔk]
manganeso (m)	mangan (i)	[mɑŋˈgæʔn]
mercurio (m)	kviksølv (i)	['kvikˌsøl]
plomo (m)	bly (i)	['blyʔ]

mineral (m)	**mineral** (i)	[minə'ʁɑ'l]
cristal (m)	**krystal** (i, f)	[kʁy'stal']
mármol (m)	**marmor** (i)	['mɑ'moɡ]
uranio (m)	**uran** (i, f)	[u'ʁɑ'n]

85. El tiempo

tiempo (m)	**vejr** (i)	['vɛ'ɡ]
previsión (f) del tiempo	**vejrudsigt** (f)	['vɛɡ‚uðsegt]
temperatura (f)	**temperatur** (f)	[tɛmpʁɑ'tuɡ']
termómetro (m)	**termometer** (i)	[tæɡmo'me'tʌ]
barómetro (m)	**barometer** (i)	[bɑo'me'tʌ]
húmedo (adj)	**fugtig**	['fɔgti]
humedad (f)	**fugtighed** (f)	['fɔgti‚heð']
bochorno (m)	**hede** (f)	['he:ðə]
tórrido (adj)	**hed**	['heð']
hace mucho calor	**det er hedt**	[de 'æɡ 'heð']
hace calor (templado)	**det er varmt**	[de 'æɡ 'vɑ'mt]
templado (adj)	**varm**	['vɑ'm]
hace frío	**det er koldt**	[de 'æɡ 'kʌlt]
frío (adj)	**kold**	['kʌl']
sol (m)	**sol** (f)	['so'l]
brillar (vi)	**at skinne**	[ʌ 'skenə]
soleado (un día ~)	**solrig**	['so:l‚ʁi']
elevarse (el sol)	**at stå op**	[ʌ stɔ' 'ʌp]
ponerse (vr)	**at gå ned**	[ʌ gɔ' 'neð']
nube (f)	**sky** (f)	['sky']
nuboso (adj)	**skyet**	['sky:əð]
nubarrón (m)	**regnsky** (f)	['ʁajn‚sky']
nublado (adj)	**mørk**	['mœɡk]
lluvia (f)	**regn** (f)	['ʁaj'n]
está lloviendo	**det regner**	[de 'ʁajnʌ]
lluvioso (adj)	**regnvejrs-**	['ʁajn‚vɛɡs-]
lloviznar (vi)	**at småregne**	[ʌ 'smɔʁajnə]
aguacero (m)	**øsende regn** (f)	['ø:sənə ‚ʁaj'n]
chaparrón (m)	**styrtregn** (f)	['styɡt‚ʁaj'n]
fuerte (la lluvia ~)	**kraftig, heftig**	['kʁɑfti], ['hɛfti]
charco (m)	**vandpyt** (f)	['van‚pyt]
mojarse (vr)	**at blive våd**	[ʌ 'bli:ə 'vɔ'ð]
niebla (f)	**tåge** (f)	['tɔ:wə]
nebuloso (adj)	**tåget**	['tɔ:wəð]
nieve (f)	**sne** (f)	['sne']
está nevando	**det sner**	[de 'sne'ʌ]

86. Los eventos climáticos severos. Los desastres naturales

tormenta (f)	tordenvejr (i)	['toɐ̯dən‚vɛˀɐ̯]
relámpago (m)	lyn (i)	['lyˀn]
relampaguear (vi)	at glimte	[ʌ 'glemtə]
trueno (m)	torden (f)	['toɐ̯dən]
tronar (vi)	at tordne	[ʌ 'toɐ̯dnə]
está tronando	det tordner	[de 'toɐ̯dnʌ]
granizo (m)	hagl (i)	['hɑwˀl]
está granizando	det hagler	[de 'hɑwlɐ̯]
inundar (vt)	at oversvømme	[ʌ 'ɒwʌ‚svœmˀə]
inundación (f)	oversvømmelse (f)	['ɒwʌ‚svœmˀəlsə]
terremoto (m)	jordskælv (i)	['joɐ̯‚skɛlˀv]
sacudida (f)	skælv (i)	['skɛlˀv]
epicentro (m)	epicenter (i)	[epi'sɛnˀtʌ]
erupción (f)	udbrud (i)	['uð‚bʁuð]
lava (f)	lava (f)	['læːva]
torbellino (m)	skypumpe (f)	['sky‚pɔmpə]
tornado (m)	tornado (f)	[tɒ'næːdo]
tifón (m)	tyfon (f)	[ty'foˀn]
huracán (m)	orkan (f)	[ɒ'kæˀn]
tempestad (f)	storm (f)	['stɒˀm]
tsunami (m)	tsunami (f)	[tsu'nɑːmi]
ciclón (m)	cyklon (f)	[sy'kloˀn]
mal tiempo (m)	uvejr (i)	['u‚vɛˀɐ̯]
incendio (m)	brand (f)	['bʁɑnˀ]
catástrofe (f)	katastrofe (f)	[kata'stʁoːfə]
meteorito (m)	meteorit (f)	[meteo'ʁit]
avalancha (f)	lavine (f)	[la'viːnə]
alud (m) de nieve	sneskred (i)	['sne‚skʁɛð]
ventisca (f)	snefog (i)	['sne‚fɔwˀ]
nevasca (f)	snestorm (f)	['sne‚stɒˀm]

T&P BOOKS

LA FAUNA

T&P Books Publishing

carnívoro (m)	**rovdyr** (i)	['ʁɒwˌdyg̊ʔ]
tigre (m)	**tiger** (f)	['tiːʌ]
león (m)	**løve** (f)	['løːvə]
lobo (m)	**ulv** (f)	['ulʔv]
zorro (m)	**ræv** (f)	['ʁɛʔw]
jaguar (m)	**jaguar** (f)	[jaguˈɑʔ]
leopardo (m)	**leopard** (f)	[leoˈpɑʔd]
guepardo (m)	**gepard** (f)	[geˈpɑʔd]
pantera (f)	**panter** (f)	['panʔtʌ]
puma (f)	**puma** (f)	['puːma]
leopardo (m) de las nieves	**sneleopard** (f)	['sne leoˈpɑʔd]
lince (m)	**los** (f)	['lʌs]
coyote (m)	**coyote, prærieulv** (f)	[koˈjoːtə], ['pʁɛɐ̯jəˌulʔv]
chacal (m)	**sjakal** (f)	[ɕaˈkæʔl]
hiena (f)	**hyæne** (f)	[hyˈɛːnə]

animal (m)	**dyr** (i)	['dyg̊ʔ]
bestia (f)	**bæst** (i), **udyr** (i)	['bɛʔst], ['uˌdyg̊ʔ]
ardilla (f)	**egern** (i)	['eʔjʌn]
erizo (m)	**pindsvin** (i)	['penˌsviʔn]
liebre (f)	**hare** (f)	['hɑːɑ]
conejo (m)	**kanin** (f)	[kaˈniʔn]
tejón (m)	**grævling** (f)	['gʁawleŋ]
mapache (m)	**vaskebjørn** (f)	['vaskəˌbjœg̊ʔn]
hámster (m)	**hamster** (f)	['hamˌstʌ]
marmota (f)	**murmeldyr** (i)	['mug̊məlˌdyg̊ʔ]
topo (m)	**muldvarp** (f)	['mulˌvɑːp]
ratón (m)	**mus** (f)	['muʔs]
rata (f)	**rotte** (f)	['ʁʌtə]
murciélago (m)	**flagermus** (f)	['flɑwʌˌmuʔs]
armiño (m)	**hermelin** (f)	[hæg̊məˈliʔn]
cebellina (f)	**zobel** (f)	['soʔbəl]
marta (f)	**mår** (f)	['mɒʔ]

| comadreja (f) | brud (f) | ['bʁuð] |
| visón (m) | mink (f) | ['meŋˀk] |

| castor (m) | bæver (f) | ['bɛˀvʌ] |
| nutria (f) | odder (f) | ['ʌðˀʌ] |

caballo (m)	hest (f)	['hɛst]
alce (m)	elg (f)	['ɛlˀj]
ciervo (m)	hjort (f)	['jɔ:t]
camello (m)	kamel (f)	[ka'meˀl]

bisonte (m)	bison (f)	['bisʌn]
uro (m)	urokse (f)	['uʁˌʌksə]
búfalo (m)	bøffel (f)	['bøfəl]

cebra (f)	zebra (f)	['se:bʁɑ]
antílope (m)	antilope (f)	[anti'lo:pə]
corzo (m)	rådyr (i), rå (f)	['ʁʌˌdyɐ̯ˀ], ['ʁɔˀ]
gamo (m)	dådyr (i)	['dʌˌdyɐ̯ˀ]
gamuza (f)	gemse (f)	['gɛmsə]
jabalí (m)	vildsvin (i)	['vilˌsviˀn]

ballena (f)	hval (f)	['væˀl]
foca (f)	sæl (f)	['sɛˀl]
morsa (f)	hvalros (f)	['valˌʁʌs]
oso (m) marino	pelssæl (f)	['pɛlsˌsɛˀl]
delfín (m)	delfin (f)	[dɛl'fiˀn]

oso (m)	bjørn (f)	['bjœɐ̯ˀn]
oso (m) blanco	isbjørn (f)	['isˌbjœɐ̯ˀn]
panda (f)	panda (f)	['panda]

mono (m)	abe (f)	['æ:bə]
chimpancé (m)	chimpanse (f)	[ɕim'pansə]
orangután (m)	orangutang (f)	[o'ʁɑŋguˌtɑŋˀ]
gorila (m)	gorilla (f)	[go'ʁila]
macaco (m)	makak (f)	[mæ'kɑk]
gibón (m)	gibbon (f)	['gibʌn]

| elefante (m) | elefant (f) | [elə'fanˀt] |
| rinoceronte (m) | næsehorn (i) | ['nɛ:səˌhoɐ̯ˀn] |

| jirafa (f) | giraf (f) | [gi'ʁɑf] |
| hipopótamo (m) | flodhest (f) | ['floðˌhɛst] |

| canguro (m) | kænguru (f) | [kɛŋgu:ʁu] |
| koala (f) | koala (f) | [ko'æ:la] |

mangosta (f)	mangust (f)	[mɑŋ'gust]
chinchilla (f)	chinchilla (f)	[tjen'tjila]
mofeta (f)	skunk (f)	['skɔŋˀk]
espín (m)	hulepindsvin (i)	['hu:lə 'penˌsviˀn]

89. Los animales domésticos

gata (f)	**kat** (f)	['kat]
gato (m)	**hankat** (f)	['han͵kat]
perro (m)	**hund** (f)	['huɲˀ]
caballo (m)	**hest** (f)	['hɛst]
garañón (m)	**hingst** (f)	['heŋˀst]
yegua (f)	**hoppe** (f)	['hʌpə]
vaca (f)	**ko** (f)	['koˀ]
toro (m)	**tyr** (f)	['tyɐ̯ˀ]
buey (m)	**okse** (f)	['ʌksə]
oveja (f)	**får** (i)	['fɑ:]
carnero (m)	**vædder** (f)	['vɛðˀʌ]
cabra (f)	**ged** (f)	['geðˀ]
cabrón (m)	**gedebuk** (f)	['ge:ðə͵bɔk]
asno (m)	**æsel** (i)	['ɛˀsəl]
mulo (m)	**muldyr** (i)	['mul͵dyɐ̯ˀ]
cerdo (m)	**svin** (i)	['sviˀn]
cerdito (m)	**gris** (f)	['gʁiˀs]
conejo (m)	**kanin** (f)	[ka'niˀn]
gallina (f)	**høne** (f)	['hœ:nə]
gallo (m)	**hane** (f)	['hæ:nə]
pato (m)	**and** (f)	['anˀ]
ánade (m)	**andrik** (f)	['anˀdʁɛk]
ganso (m)	**gås** (f)	['gɔˀs]
pavo (m)	**kalkun hane** (f)	[kal'kuˀn 'hæ:nə]
pava (f)	**kalkun** (f)	[kal'kuˀn]
animales (m pl) domésticos	**husdyr** (i pl)	['hus͵dyɐ̯ˀ]
domesticado (adj)	**tam**	['tamˀ]
domesticar (vt)	**at tæmme**	[ʌ 'tɛmə]
criar (vt)	**at avle, at opdrætte**	[ʌ 'ɑwlə], [ʌ 'ʌp͵dʁatə]
granja (f)	**farm** (f)	['fɑˀm]
aves (f pl) de corral	**fjerkræ** (i)	['fjeɐ̯͵kʁɛˀ]
ganado (m)	**kvæg** (i)	['kvɛˀj]
rebaño (m)	**hjord** (f)	['jɒˀd]
caballeriza (f)	**stald** (f)	['stalˀ]
porqueriza (f)	**svinesti** (f)	['svinə͵stiˀ]
vaquería (f)	**kostald** (f)	['ko͵stalˀ]
conejal (m)	**kaninbur** (i)	[ka'nin͵buɐ̯ˀ]
gallinero (m)	**hønsehus** (i)	['hœnsə͵huˀs]

90. Los pájaros

pájaro (m)	**fugl** (f)	[ˈfuˀl]
paloma (f)	**due** (f)	[ˈduːə]
gorrión (m)	**spurv** (f)	[ˈspuɐ̯ˀw]
carbonero (m)	**musvit** (f)	[muˈsvit]
urraca (f)	**skade** (f)	[ˈskæːðə]
cuervo (m)	**ravn** (f)	[ˈʁawˀn]
corneja (f)	**krage** (f)	[ˈkʁɑːwə]
chova (f)	**kaie** (f)	[ˈkɑjə]
grajo (m)	**råge** (f)	[ˈʁɔːwə]
pato (m)	**and** (f)	[ˈanˀ]
ganso (m)	**gås** (f)	[ˈgɔˀs]
faisán (m)	**fasan** (f)	[faˈsæˀn]
águila (f)	**ørn** (f)	[ˈœɐ̯ˀn]
azor (m)	**høg** (f)	[ˈhøˀj]
halcón (m)	**falk** (f)	[ˈfalˀk]
buitre (m)	**grib** (f)	[ˈgʁiːb]
cóndor (m)	**kondor** (f)	[kʌnˈdoˀɐ̯]
cisne (m)	**svane** (f)	[ˈsvæːnə]
grulla (f)	**trane** (f)	[ˈtʁɑːnə]
cigüeña (f)	**stork** (f)	[ˈstɒːk]
loro (m), papagayo (m)	**papegøje** (f)	[papəˈgʌjə]
colibrí (m)	**kolibri** (f)	[koliˈbʁiˀ]
pavo (m) real	**påfugl** (f)	[ˈpʌˌfuˀl]
avestruz (m)	**struds** (f)	[ˈstʁus]
garza (f)	**hejre** (f)	[ˈhɑjʁʌ]
flamenco (m)	**flamingo** (f)	[flaˈmeŋgo]
pelícano (m)	**pelikan** (f)	[peliˈkæˀn]
ruiseñor (m)	**nattergal** (f)	[ˈnatʌˌgæˀl]
golondrina (f)	**svale** (f)	[ˈsvæːlə]
tordo (m)	**drossel, sjagger** (f)	[ˈdʁʌsəl], [ˈɕɑgʌ]
zorzal (m)	**sangdrossel** (f)	[ˈsaŋˌdʁʌsəl]
mirlo (m)	**solsort** (f)	[ˈsoːlˌsoɐ̯t]
vencejo (m)	**mursejler** (f)	[ˈmuɐ̯ˌsajlʌ]
alondra (f)	**lærke** (f)	[ˈlæɐ̯kə]
codorniz (f)	**vagtel** (f)	[ˈvagtəl]
pájaro carpintero (m)	**spætte** (f)	[ˈspɛtə]
cuco (m)	**gøg** (f)	[ˈgøˀj]
lechuza (f)	**ugle** (f)	[ˈuːlə]
búho (m)	**hornugle** (f)	[ˈhoɐ̯nˌuːlə]

urogallo (m)	tjur (f)	['tjuɐ̯ʔ]
gallo lira (m)	urfugl (f)	['uɐ̯ˌfuʔl]
perdiz (f)	agerhøne (f)	['æʔjʌˌhœːnə]

estornino (m)	stær (f)	['stɛʔɐ̯]
canario (m)	kanariefugl (f)	[ka'naʔjəˌfuʔl]
ortega (f)	hjerpe, jærpe (f)	['jæɐ̯pə]
pinzón (m)	bogfinke (f)	['bɔwˌfeŋkə]
camachuelo (m)	dompap (f)	['dɔmˌpɑp]

gaviota (f)	måge (f)	['mɔːwə]
albatros (m)	albatros (f)	['albaˌtʁʌs]
pingüino (m)	pingvin (f)	[peŋ'viʔn]

91. Los peces. Los animales marinos

brema (f)	brasen (f)	['bʁɑʔsən]
carpa (f)	karpe (f)	['kɑːpə]
perca (f)	aborre (f)	['ɑˌbɒːɒ]
siluro (m)	malle (f)	['malə]
lucio (m)	gedde (f)	['geðə]

| salmón (m) | laks (f) | ['lɑks] |
| esturión (m) | stør (f) | ['støʔɐ̯] |

arenque (m)	sild (f)	['silʔ]
salmón (m) del Atlántico	atlantisk laks (f)	[at'lanʔtisk 'lɑks]
caballa (f)	makrel (f)	[mɑ'kʁalʔ]
lenguado (m)	rødspætte (f)	['ʁœðˌspɛtə]

lucioperca (f)	sandart (f)	['sanˌɑʔt]
bacalao (m)	torsk (f)	['tɒːsk]
atún (m)	tunfisk (f)	['tuːnˌfesk]
trucha (f)	ørred (f)	['œɐ̯ʌð]

anguila (f)	ål (f)	['ɔʔl]
raya (f) eléctrica	elektrisk rokke (f)	[e'lɛktʁisk 'ʁʌkə]
morena (f)	muræne (f)	[mu'ʁɛːnə]
piraña (f)	piraya (f)	[pi'ʁɑja]

tiburón (m)	haj (f)	['hɑjʔ]
delfín (m)	delfin (f)	[dɛl'fiʔn]
ballena (f)	hval (f)	['væʔl]

centolla (f)	krabbe (f)	['kʁabə]
medusa (f)	gople, meduse (f)	['gʌplə], [me'duːsə]
pulpo (m)	blæksprutte (f)	['blɛkˌspʁutə]

| estrella (f) de mar | søstjerne (f) | ['søˌstjæɡnə] |
| erizo (m) de mar | søpindsvin (i) | ['sø 'penˌsviʔn] |

caballito (m) de mar	søhest (f)	['sø‚hɛst]
ostra (f)	østers (f)	['østʌs]
camarón (m)	reje (f)	['ʁajə]
bogavante (m)	hummer (f)	['hɔmˀʌ]
langosta (f)	languster (f)	[laŋ'gustʌ]

92. Los anfibios. Los reptiles

| serpiente (f) | slange (f) | ['slaŋə] |
| venenoso (adj) | giftig | ['gifti] |

víbora (f)	hugorm (f)	['hɔg‚oɡˀm]
cobra (f)	kobra (f)	['ko:bʁa]
pitón (m)	pyton (f)	['pytʌn]
boa (f)	boa (f)	['bo:a]

culebra (f)	snog (f)	['snoˀ]
serpiente (m) de cascabel	klapperslange (f)	['klapʌ‚slaŋə]
anaconda (f)	anakonda (f)	[ana'kʌnda]

lagarto (m)	firben (i)	['fiɡ'beˀn]
iguana (f)	leguan (f)	[legu'æˀn]
varano (m)	varan (f)	[va'ʁaˀn]
salamandra (f)	salamander (f)	[sala'manˀdʌ]
camaleón (m)	kamæleon (f)	[kamələ'oˀn]
escorpión (m)	skorpion (f)	[skɒpi'oˀn]

tortuga (f)	skildpadde (f)	['skel‚paðə]
rana (f)	frø (f)	['fʁœˀ]
sapo (m)	tudse (f)	['tusə]
cocodrilo (m)	krokodille (f)	[kʁokə'dilə]

93. Los insectos

insecto (m)	insekt (i)	[en'sɛkt]
mariposa (f)	sommerfugl (f)	['sʌmʌ‚fuˀl]
hormiga (f)	myre (f)	['my:ʌ]
mosca (f)	flue (f)	['flu:ə]
mosquito (m) (picadura de ~)	stikmyg (f)	['stek‚myg]

| escarabajo (m) | bille (f) | ['bilə] |

avispa (f)	hveps (f)	['vɛps]
abeja (f)	bi (f)	['biˀ]
abejorro (m)	humlebi (f)	['hɔmlə‚biˀ]
moscardón (m)	bremse (f)	['bʁamsə]
araña (f)	edderkop (f)	['ɛðˀʌ‚kʌp]
telaraña (f)	edderkoppespind (i)	['ɛðˀʌkʌpə‚sbenˀ]

libélula (f)	**guldsmed** (f)	['gul,smeð]
saltamontes (m)	**græshoppe** (f)	['gʁas,hʌpə]
mariposa (f) nocturna	**natsværmer** (f)	['nat,svæɐ̯'mʌ]
cucaracha (f)	**kakerlak** (f)	[kɑkʌ'lɑk]
garrapata (f)	**flåt, mide** (f)	['flɔˀt], ['miːðə]
pulga (f)	**loppe** (f)	['lʌpə]
mosca (f) negra	**kvægmyg** (f)	['kvɛj,myg]
langosta (f)	**vandregræshoppe** (f)	['vɑndʁʌ 'gʁas,hʌpə]
caracol (m)	**snegl** (f)	['snɑjˀl]
grillo (m)	**fårekylling** (f)	['fɔːɒ,kyleŋ]
luciérnaga (f)	**ildflue** (f)	['ilfluːə]
mariquita (f)	**mariehøne** (f)	[mɑ'ʁiˀə,hœːnə]
sanjuanero (m)	**oldenborre** (f)	['ʌlən,bɒːɒ]
sanguijuela (f)	**igle** (f)	['iːlə]
oruga (f)	**sommerfuglelarve** (f)	['sʌmʌ,fuːlə 'lɑːvə]
lombriz (m) de tierra	**regnorm** (f)	['ʁɑjn,ɒɡˀm]
larva (f)	**larve** (f)	['lɑːvə]

LA FLORA

T&P Books Publishing

árbol (m)	træ (i)	['tʁɛˀ]
foliáceo (adj)	løv-	['løw-]
conífero (adj)	nåle-	['nɔlə-]
de hoja perenne	stedsegrønt,	['stɛðsə,gʁœnˀt],
	eviggrønt	['e:vi,gʁœnˀt]

manzano (m)	æbletræ (i)	['ɛˀblə,tʁɛˀ]
peral (m)	pæretræ (i)	['pɛʌ,tʁɛˀ]
cerezo (m)	moreltræ (i)	[moˈʁal,tʁɛˀ]
guindo (m)	kirsebærtræ (i)	['kiɐ̯səbæɐ̯,tʁɛˀ]
ciruelo (m)	blommetræ (i)	['blʌmə,tʁɛˀ]

abedul (m)	birk (f)	['biɐ̯k]
roble (m)	eg (f)	['eˀj]
tilo (m)	lind (f)	['lenˀ]
pobo (m)	asp (f)	['asp]
arce (m)	løn (f), ahorn (f)	['lœnˀ], ['a,hoɐ̯ˀn]

pícea (f)	gran (f)	['gʁɑn]
pino (m)	fyr (f)	['fyɐ̯ˀ]
alerce (m)	lærk (f)	['læɐ̯k]
abeto (m)	ædelgran (f)	['ɛˀðəl,gʁɑn]
cedro (m)	ceder (f)	['se:ðʌ]

| álamo (m) | poppel (f) | ['pʌpəl] |
| serbal (m) | røn (f) | ['ʁœnˀ] |

| sauce (m) | pil (f) | ['piˀl] |
| aliso (m) | el (f) | ['ɛl] |

| haya (f) | bøg (f) | ['bøˀj] |
| olmo (m) | elm (f) | ['ɛlˀm] |

| fresno (m) | ask (f) | ['ask] |
| castaño (m) | kastanie (i) | [kaˈstanjə] |

magnolia (f)	magnolie (f)	[mɑwˈnoˀljə]
palmera (f)	palme (f)	['palmə]
ciprés (m)	cypres (f)	[syˈpʁas]

mangle (m)	mangrove (f)	[mɑŋˈgʁo:və]
baobab (m)	baobabtræ (i)	[bɑoˈbab,tʁɛˀ]
eucalipto (m)	eukalyptus (f)	[œwkaˈlyptus]
secoya (f)	sequoia (f), rødtræ (i)	[sekˈwojə], ['ʁœðˀ,tʁɛˀ]

95. Los arbustos

mata (f)	busk (f)	['busk]
arbusto (m)	buskads (i)	[bu'skæˀs]
vid (f)	vinranke (f)	['viːnˌʁɑŋkə]
viñedo (m)	vingård (f)	['viːnˌgɒˀ]
frambueso (m)	hindbærbusk (f)	['henbæɡˌbusk]
grosellero (m) negro	solbærbusk (f)	['soːlbæɡˌbusk]
grosellero (m) rojo	ribsbusk (f)	['ʁɛbsˌbusk]
grosellero (m) espinoso	stikkelsbær (i)	['stekəlsˌbæɡ]
acacia (f)	akacie (f)	[a'kæˀɕə]
berberís (m)	berberis (f)	['bæɡˀbʌʁis]
jazmín (m)	jasmin (f)	[ɕas'miˀn]
enebro (m)	ene (f)	['eːnə]
rosal (m)	rosenbusk (f)	['ʁoːsənˌbusk]
escaramujo (m)	Hunde-Rose (f)	['hunə-'ʁoːsə]

96. Las frutas. Las bayas

fruto (m)	frugt (f)	['fʁɔgt]
frutos (m pl)	frugter (f pl)	['fʁɔgtʌ]
manzana (f)	æble (i)	['ɛˀblə]
pera (f)	pære (f)	['pɛˀʌ]
ciruela (f)	blomme (f)	['blʌmə]
fresa (f)	jordbær (i)	['joɡˌbæɡ]
guinda (f)	kirsebær (i)	['kiɡsəˌbæɡ]
cereza (f)	morel (f)	[mo'ʁalˀ]
uva (f)	drue (f)	['dʁuːə]
frambuesa (f)	hindbær (i)	['henˌbæɡ]
grosella (f) negra	solbær (i)	['soːlˌbæɡ]
grosella (f) roja	ribs (i, f)	['ʁɛbs]
grosella (f) espinosa	stikkelsbær (i)	['stekəlsˌbæɡ]
arándano (m) agrio	tranebær (i)	['tʁɑːnəˌbæɡ]
naranja (f)	appelsin (f)	[ɑpəl'siˀn]
mandarina (f)	mandarin (f)	[mandɑ'ʁiˀn]
piña (f)	ananas (i)	['ananas]
banana (f)	banan (f)	[ba'næˀn]
dátil (m)	daddel (f)	['daðˀəl]
limón (m)	citron (f)	[si'tʁoˀn]
albaricoque (m)	abrikos (f)	[ɑbʁi'koˀs]
melocotón (m)	fersken (f)	['fæɡskən]

kiwi (m)	**kiwi** (f)	['kiːvi]
toronja (f)	**grapefrugt** (f)	['gʁɛjpˌfʁɔgt]
baya (f)	**bær** (i)	['bæɐ̯]
bayas (f pl)	**bær** (i pl)	['bæɐ̯]
arándano (m) rojo	**tyttebær** (i)	['tytəˌbæɐ̯]
fresa (f) silvestre	**skovjordbær** (i)	['skɒw 'joɐ̯ˌbæɐ̯]
arándano (m)	**blåbær** (i)	['blɔˀˌbæɐ̯]

97. Las flores. Las plantas

flor (f)	**blomst** (f)	['blʌmˀst]
ramo (m) de flores	**buket** (f)	[bu'kɛt]
rosa (f)	**rose** (f)	['ʁoːsə]
tulipán (m)	**tulipan** (f)	[tuli'pæˀn]
clavel (m)	**nellike** (f)	['nelˀekə]
gladiolo (m)	**gladiolus** (f)	[gladi'oːlus]
aciano (m)	**kornblomst** (f)	['koɐ̯nˌblʌmˀst]
campanilla (f)	**blåklokke** (f)	['blʌˌklʌkə]
diente (m) de león	**mælkebøtte, løvetand** (f)	['mɛlkəˌbøtə], ['løːvəˌtanˀ]
manzanilla (f)	**kamille** (f)	[ka'milə]
áloe (m)	**aloe** (f)	['æˀloˌeˀ]
cacto (m)	**kaktus** (f)	['kɑktus]
ficus (m)	**ficus, stuebirk** (f)	['fikus], ['stuːəˌbiɐ̯k]
azucena (f)	**lilje** (f)	['liljə]
geranio (m)	**geranie** (f)	[ge'ʁɑˀnjə]
jacinto (m)	**hyacint** (f)	[hya'senˀt]
mimosa (f)	**mimose** (f)	[mi'moːsə]
narciso (m)	**narcis** (f)	[nɑ'siːs]
capuchina (f)	**blomsterkarse** (f)	['blʌmˀstʌˌkɑːsə]
orquídea (f)	**orkide, orkidé** (f)	[ɒki'deˀ]
peonía (f)	**pæon** (f)	[pɛ'oˀn]
violeta (f)	**viol** (f)	[vi'oˀl]
trinitaria (f)	**stedmoderblomst** (f)	['stɛmoɐ̯ ˌblʌmˀst]
nomeolvides (f)	**forglemmigej** (f)	[fʌ'glɛmˀmaˌajˀ]
margarita (f)	**tusindfryd** (f)	['tusənˌfʁyðˀ]
amapola (f)	**valmue** (f)	['valˌmuːə]
cáñamo (m)	**hamp** (f)	['hɑmˀp]
menta (f)	**mynte** (f)	['møntə]
muguete (m)	**liljekonval** (f)	['liljə kɔn'valˀ]
campanilla (f) de las nieves	**vintergæk** (f)	['ventʌˌgɛk]

ortiga (f)	**nælde** (f)	['nɛlə]
acedera (f)	**syre** (f)	['sy:ʌ]
nenúfar (m)	**åkande, nøkkerose** (f)	['ɔ'kanə], ['nøkəˌʁɔ:sə]
helecho (m)	**bregne** (f)	['bʁajnə]
liquen (m)	**lav** (f)	['lɑw]
invernadero (m) tropical	**drivhus** (i)	['dʁiwˌhu's]
césped (m)	**græsplæne** (f)	['gʁasˌplɛ:nə]
macizo (m) de flores	**blomsterbed** (i)	['blʌm'stʌˌbəð]
planta (f)	**plante** (f)	['plantə]
hierba (f)	**græs** (i)	['gʁas]
hoja (f) de hierba	**græsstrå** (i)	['gʁasˌstʁɔ']
hoja (f)	**blad** (i)	['blað]
pétalo (m)	**kronblad** (i)	['krɔnˌblað]
tallo (m)	**stilk** (f)	['stel'k]
tubérculo (m)	**rodknold** (f)	['ʁɔðˌknʌl']
retoño (m)	**spire** (f)	['spi:ʌ]
espina (f)	**torn** (f)	['toʁ'n]
florecer (vi)	**at blomstre**	[ʌ 'blʌmstʁʌ]
marchitarse (vr)	**at visne**	[ʌ 'vesnə]
olor (m)	**lugt** (f)	['lɔgt]
cortar (vt)	**at skære af**	[ʌ 'skɛ:ʌ 'æ']
coger (una flor)	**at plukke**	[ʌ 'plɔkə]

98. Los cereales, los granos

grano (m)	**korn** (i)	['koʁ'n]
cereales (m pl) (plantas)	**kornsorter** (f pl)	['koʁnˌsɔːtʌ]
espiga (f)	**aks** (i)	['ɑks]
trigo (m)	**hvede** (f)	['ve:ðə]
centeno (m)	**rug** (f)	['ʁu']
avena (f)	**havre** (f)	['hɑwʁʌ]
mijo (m)	**hirse** (f)	['hiʁsə]
cebada (f)	**byg** (f)	['byg]
maíz (m)	**majs** (f)	['mɑj's]
arroz (m)	**ris** (f)	['ʁi's]
alforfón (m)	**boghvede** (f)	['bɔwˌve:ðə]
guisante (m)	**ært** (f)	['æg't]
fréjol (m)	**bønne** (f)	['bœnə]
soya (f)	**soja** (f)	['sʌja]
lenteja (f)	**linse** (f)	['lensə]
habas (f pl)	**bønner** (f pl)	['bœnʌ]

T&P BOOKS

LOS PAÍSES

T&P Books Publishing

99. Los países. Unidad 1

Afganistán (m)	**Afghanistan**	[ɑwˈgæˀniˌstan]
Albania (f)	**Albanien**	[alˈbæˀnjən]
Alemania (f)	**Tyskland**	[ˈtysklanˀ]
Arabia (f) Saudita	**Saudi-Arabien**	[ˈsawdi ɑˈʁɑːbjən]
Argentina (f)	**Argentina**	[ɑgɛnˈtiˀna]
Armenia (f)	**Armenien**	[ɑˈmeˀnjən]
Australia (f)	**Australien**	[ɑwˈstʁɑˀljən]
Austria (f)	**Østrig**	[ˈøstʁi]
Azerbaiyán (m)	**Aserbajdsjan**	[asæɐ̯bɑjˈdjæˀn]
Bangladesh (m)	**Bangladesh**	[bɑnglaˈdɛɕ]
Bélgica (f)	**Belgien**	[ˈbɛlˀgjən]
Bielorrusia (f)	**Hviderusland**	[ˈviːðəˌʁuslanˀ]
Bolivia (f)	**Bolivia**	[boˈlivia]
Bosnia y Herzegovina	**Bosnien-Herzegovina**	[ˈbosniən hæɐ̯səgoˀviːna]
Brasil (m)	**Brasilien**	[bʁɑˈsiljən]
Bulgaria (f)	**Bulgarien**	[bulˈgɑːiən]
Camboya (f)	**Cambodja**	[kæːmˈboða]
Canadá (f)	**Canada**	[ˈkanæˀda]
Chequia (f)	**Tjekkiet**	[ˈtjɛˌkiəð]
Chile (m)	**Chile** (i)	[ˈtjiːlə]
China (f)	**Kina**	[ˈkiːna]
Chipre (m)	**Cypern**	[ˈkypɒn]
Colombia (f)	**Colombia**	[koˈlɔmbja]
Corea (f) del Norte	**Nordkorea**	[ˈnoɐ̯ koˈʁɛːa]
Corea (f) del Sur	**Sydkorea**	[ˈsyð koˈʁɛːa]
Croacia (f)	**Kroatien**	[kʁoˈæˀtiən]
Cuba (f)	**Cuba**	[ˈkuːba]
Dinamarca (f)	**Danmark**	[ˈdænmɑk]
Ecuador (m)	**Ecuador**	[ekwaˈdoˀɐ̯]
Egipto (m)	**Egypten**	[ɛˈgyptən]
Emiratos (m pl) Árabes Unidos	**Forenede Arabiske Emirater**	[fʌˈenəðə ɑˈʁɑˀbiskə emiˈʁɑˀtʌ]
Escocia (f)	**Skotland**	[ˈskɒtlanˀ]
Eslovaquia (f)	**Slovakiet**	[slovaˈkiːəð]
Eslovenia	**Slovenien**	[sloˈveːnjən]
España (f)	**Spanien**	[ˈspæˀnjən]
Estados Unidos de América	**De Forenede Stater**	[di fʌˈenəðə ˈstæˀtʌ]
Estonia (f)	**Estland**	[ˈɛstlan]
Finlandia (f)	**Finland**	[ˈfenlan]
Francia (f)	**Frankrig**	[ˈfʁɑŋkʁi]

100. Los países. Unidad 2

Georgia (f)	Georgien	[ge'ɒˀgjən]
Ghana (f)	Ghana	['ganə]
Gran Bretaña (f)	Storbritannien	['stoɐ̯ bʁiˌtaniən]
Grecia (f)	Grækenland	['gʁɛːkənlanˀ]
Haití (m)	Haiti	[haiti:]
Hungría (f)	Ungarn	['ɔŋgɑˀn]
India (f)	Indien	['endjən]
Indonesia (f)	Indonesien	[endo'neːɕən]
Inglaterra (f)	England	['ɛŋˀlan]
Irak (m)	Irak	['iʁɑk]
Irán (m)	Iran	['iʁɑn]
Irlanda (f)	Irland	['iɐ̯lanˀ]
Islandia (f)	Island	['islanˀ]
Islas (f pl) Bahamas	Bahamas	[ba'haˀmas]
Israel (m)	Israel	[isʁɑːəl]
Italia (f)	Italien	[i'tæljən]
Jamaica (f)	Jamaica	[ɕa'mɑjka]
Japón (m)	Japan	['jaːpæn]
Jordania (f)	Jordan	['joɐ̯dan]
Kazajstán (m)	Kasakhstan	[ka'sɑkˌstan]
Kenia (f)	Kenya	['kɛnja]
Kirguizistán (m)	Kirgisistan	[kiɐ̯'gisiˌstan]
Kuwait (m)	Kuwait	[ku'vɑjt]
Laos (m)	Laos	['læːɒs]
Letonia (f)	Letland	['lɛtlanˀ]
Líbano (m)	Libanon	['liːbanɒn]
Libia (f)	Libyen	['liːbjən]
Liechtenstein (m)	Liechtenstein	['liːktənʃtɑjn]
Lituania (f)	Litauen	['liˌtawˀən]
Luxemburgo (m)	Luxembourg	['lygsəmˌbɒː]
Macedonia	Makedonien	[mɑkə'doːnjən]
Madagascar (m)	Madagaskar	[mada'gæskɑ]
Malasia (f)	Malaysia	[ma'lɑjɕiʌ]
Malta (f)	Malta	['malta]
Marruecos (m)	Marokko	[mɑ'roko]
Méjico (m)	Mexiko	['mɛksiko]
Moldavia (f)	Moldova	[mʌl'doˀva]
Mónaco (m)	Monaco	[mo'nɑko]
Mongolia (f)	Mongoliet	[mʌŋgo'liəð]
Montenegro (m)	Montenegro	['mɒntəˌnɛgʁə]
Myanmar (m)	Myanmar	[mjanmɐ]

101. Los países. Unidad 3

Namibia (f)	Namibia	[na'mibia]
Nepal (m)	Nepal	['nepalˀ]
Noruega (f)	Norge	['nɒːw]
Nueva Zelanda (f)	New Zealand	[njuːˈsiːlanˀ]

Países Bajos (m pl)	Nederlandene	['neːðʌ,lɛnnə]
Pakistán (m)	Pakistan	['pɑki,stan]
Palestina (f)	Palæstina	[palə'stinɛnə]
Panamá (f)	Panama	['panamə]
Paraguay (m)	Paraguay	[pɑːɑgˈwʌj]
Perú (m)	Peru	[pe'ʁuː]
Polinesia (f) Francesa	Fransk Polynesien	['fʁɑnˀsk poly'neˀɕən]
Polonia (f)	Polen	['poːlæn]
Portugal (m)	Portugal	['pɒːtugəl]

República (f) Dominicana	Dominikanske Republik	[domini'kæːnskə ʁɛpu'blik]
República (f) Sudafricana	Sydafrika	['syð ,afʁika]
Rumania (f)	Rumænien	[ʁu'mɛˀnjən]
Rusia (f)	Rusland	['ʁuslanˀ]

Senegal (m)	Senegal	[se:nəgæːl]
Serbia (f)	Serbien	['sæg̊ˀbiən]
Siria (f)	Syrien	['syʁiən]
Suecia (f)	Sverige	['svɛʁiˀ]
Suiza (f)	Schweiz	['svɑjts]
Surinam (m)	Surinam	['suʁi,nɑm]

Tayikistán (m)	Tadsjikistan	[ta'dɕiki,stan]
Tailandia (f)	Thailand	['tɑjlɛnˀ]
Taiwán (m)	Taiwan	['tɑj,væˀn]
Tanzania (f)	Tanzania	['tansa,niæ]
Tasmania (f)	Tasmanien	[tas'maniːən]
Túnez (m)	Tunis	['tuːnis]
Turkmenistán (m)	Turkmenistan	[tug̊'meˀni,stan]
Turquía (f)	Tyrkiet	[tyg̊kiːəð]

Ucrania (f)	Ukraine	[ukʁɑ'iˀnə]
Uruguay (m)	Uruguay	[uʁug'wɑj]
Uzbekistán (m)	Usbekistan	[us'beki,stan]
Vaticano (m)	Vatikanstaten	['vate,kæːn 'stæˀtən]
Venezuela (f)	Venezuela	[venəsu'eːla]
Vietnam (m)	Vietnam	['vjɛtnɑm]
Zanzíbar (m)	Zanzibar	['saːnsibɑː]

GLOSARIO GASTRONÓMICO

Esta sección contiene una gran cantidad de palabras y términos asociados con la comida. Este diccionario le hará más fácil la comprensión del menú de un restaurante y la elección del plato adecuado

T&P Books Publishing

Español	Danés	Pronunciación
¡Que aproveche!	**Velbekomme!**	['vɛlbə'kʌmˀə]
abrebotellas (m)	**oplukker** (f)	['ʌpˌlɔkʌ]
abrelatas (m)	**dåseåbner** (f)	['dɔːsəˌɔːbnʌ]
aceite (m) de girasol	**solsikkeolie** (f)	['soːlˌsekə ˌoljə]
aceite (m) de oliva	**olivenolie** (f)	[oˈliˀvənˌoljə]
aceite (m) vegetal	**vegetabilsk olie** (f)	[vegətaˈbiˀlsk 'oljə]
agua (f)	**vand** (i)	['vanˀ]
agua (f) mineral	**mineralvand** (i)	[minəˈʁalˌvanˀ]
agua (f) potable	**drikkevand** (i)	['dʁɛkəˌvanˀ]
aguacate (m)	**avokado** (f)	[avoˈkæːdo]
ahumado (adj)	**røget** (f)	['ʁʌjəð]
ajo (m)	**hvidløg** (i)	['við̩ˌlʌjˀ]
albahaca (f)	**basilikum** (f)	[baˈsilˀikɔm]
albaricoque (m)	**abrikos** (f)	[abʁiˈkoˀs]
alcachofa (f)	**artiskok** (f)	[ˌɑːtiˈskʌk]
alforfón (m)	**boghvede** (f)	['bɔwˌveːðə]
almendra (f)	**mandel** (f)	['manˀəl]
almuerzo (m)	**frokost** (f)	['fʁɔkʌst]
amargo (adj)	**bitter**	['betʌ]
anís (m)	**anis** (f)	['anis]
anguila (f)	**ål** (f)	['ɔˀl]
aperitivo (m)	**aperitif** (f)	[apeɡiˈtif]
apetito (m)	**appetit** (f)	[apəˈtit]
apio (m)	**selleri** (f)	['selʌˌʁiˀ]
arándano (m)	**blåbær** (i)	['blɔˀˌbæɡ]
arándano (m) agrio	**tranebær** (i)	['tʁɑːnəˌbæɡ]
arándano (m) rojo	**tyttebær** (i)	['tytəˌbæɡ]
arenque (m)	**sild** (f)	['silˀ]
arroz (m)	**ris** (f)	['ʁiˀs]
atún (m)	**tunfisk** (f)	['tuːnˌfesk]
avellana (f)	**hasselnød** (f)	['hasəlˌnøðˀ]
avena (f)	**havre** (f)	['hɑwʁʌ]
azúcar (m)	**sukker** (i)	['sɔkʌ]
azafrán (m)	**safran** (i, f)	[saˈfʁɑˀn]
azucarado, dulce (adj)	**sød**	['søðˀ]
bacalao (m)	**torsk** (f)	['tɔːsk]
banana (f)	**banan** (f)	[baˈnæˀn]
bar (m)	**bar** (f)	['bɑˀ]
barman (m)	**bartender** (f)	['bɑːˌtɛndʌ]
batido (m)	**milkshake** (f)	['milkˌɕɛjk]
baya (f)	**bær** (i)	['bæɡ]
bayas (f pl)	**bær** (i pl)	['bæɡ]
bebida (f) sin alcohol	**alkoholfri drik** (f)	['alkohʌlˌfʁiˀ 'dʁɛk]
bebidas (f pl) alcohólicas	**alkoholiske drikke** (f pl)	[alkoˈhoˀliskə 'dʁɛkə]

beicon (m)	bacon (i, f)	['bɛjkʌn]
berenjena (f)	aubergine (f)	[obæɡ'ɕi:n]
bistec (m)	bøf (f)	['bøf]
bocadillo (m)	smørrebrød (i)	['smɶɐʌˌbʁɶð']
boleto (m) áspero	galde rørhat (f)	['galə ˌʁɶ'ɡhat]
boleto (m) castaño	skælstokket rørhat (f)	['skɛlˌstʌkəð 'ʁɶ'ɡhat]
brócoli (m)	broccoli (f)	['bʁʌkoli]
brema (f)	brasen (f)	['bʁɑ'sən]
cóctel (m)	cocktail (f)	['kʌkˌtɛjl]
caballa (f)	makrel (f)	[mɑ'kʁal']
cacahuete (m)	jordnød (f)	['joɡˌnøð']
café (m)	kaffe (f)	['kɑfə]
café (m) con leche	kaffe (f) med mælk	['kɑfə mɛ 'mɛl'k]
café (m) solo	sort kaffe (f)	['soɡt 'kɑfə]
café (m) soluble	pulverkaffe (f)	['pʌlvʌˌkɑfə]
calabacín (m)	squash, zucchini (f)	['sgwʌɕ], [su'ki:ni]
calabaza (f)	græskar (i)	['gʁaskɑ]
calamar (m)	blæksprutte (f)	['blɛkˌspʁutə]
caldo (m)	bouillon (f)	[bul'jʌŋ]
caliente (adj)	hed, varm	['heð'], ['vɑ'm]
caloría (f)	kalorie (f)	[ka'loɡ'jə]
camarón (m)	reje (f)	['ʁajə]
camarera (f)	servitrice (f)	[sæɡvi'tʁi:sə]
camarero (m)	tjener (f)	['tjɛ:nʌ]
canela (f)	kanel (i, f)	[ka'ne'l]
cangrejo (m) de mar	krabbe (f)	['kʁabə]
capuchino (m)	cappuccino (f)	[kɑpu'tji:no]
caramelo (m)	konfekt, karamel (f)	[kɔn'fɛkt], [kɑɑ'mɛl']
carbohidratos (m pl)	kulhydrater (i pl)	['kɔlhyˌdʁɑ'dʌ]
carne (f)	kød (i)	['køð]
carne (f) de carnero	lammekød (i)	['lɑməˌkøð]
carne (f) de cerdo	flæsk (i)	['flɛsk]
carne (f) de ternera	kalvekød (i)	['kalvəˌkøð]
carne (f) de vaca	oksekød (i)	['ʌksəˌkøð]
carne (f) picada	kødfars (f)	['køðˌfɑ's]
carpa (f)	karpe (f)	['kɑːpə]
carta (f) de vinos	vinkort (i)	['viːnˌkɒːt]
carta (f), menú (m)	menu (f)	[me'ny]
caviar (m)	kaviar (f)	['kaviˌɑ']
caza (f) menor	vildt (i)	['vil't]
cebada (f)	byg (f)	['byg]
cebolla (f)	løg (i)	['lʌj']
cena (f)	aftensmad (f)	['ɑftənsˌmɑð]
centeno (m)	rug (f)	['ʁu']
cereales (m pl)	kornsorter (f pl)	['koɡnˌsɒːtʌ]
cereales (m pl) integrales	gryn (i)	['gʁy'n]
cereza (f)	morel (f)	[mo'ʁal']
cerveza (f)	øl (i)	['øl]
cerveza (f) negra	mørkt øl (i)	['mɶɡkt ˌøl]
cerveza (f) rubia	lyst øl (i)	['lyst ˌøl]
champaña (f)	champagne (f)	[ɕɑm'panjə]
chicle (m)	tyggegummi (i)	['tygəˌgomi]

chocolate (m)	**chokolade** (f)	[ɕoko'læːðə]
cilantro (m)	**koriander** (f)	[kɒi'an'dʌ]
ciruela (f)	**blomme** (f)	['blʌmə]
clara (f)	**hvide** (f)	['viːðə]
clavo (m)	**nellike** (f)	['nel'ekə]
coñac (m)	**cognac, konjak** (f)	['kʌn'jɑg]
cocido en agua (adj)	**kogt**	['kʌgt]
cocina (f)	**køkken** (i)	['køkən]
col (f)	**kål** (f)	['kɔ'l]
col (f) de Bruselas	**rosenkål** (f)	['ʁoːsən̩kɔ'l]
coliflor (f)	**blomkål** (f)	['blʌm̩kɔ'l]
colmenilla (f)	**morkel** (f)	['mɒːkəl]
comida (f)	**mad** (f)	['mað]
comino (m)	**kommen** (f)	['kʌmən]
con gas	**med brus**	[mɛ 'bʁu's]
con hielo	**med is**	[mɛ 'i's]
condimento (m)	**krydderi** (i)	[kʁyðʌ'ʁi']
conejo (m)	**kanin** (f)	[ka'ni'n]
confitura (f)	**syltetøj** (i)	['syltə̩tʌj]
confitura (f)	**syltetøj** (i)	['syltə̩tʌj]
congelado (adj)	**frossen**	['fʁosən]
conservas (f pl)	**konserves** (f)	[kɔn'sæɐ̯vəs]
copa (f) de vino	**vinglas** (i)	['viːn̩glas]
copos (m pl) de maíz	**cornflakes** (pl)	['koɐn̩flɛks]
crema (f) de mantequilla	**creme** (f)	['kʁɐ'm]
crustáceos (m pl)	**krebsdyr** (i pl)	['kʁabs̩dyɐ̯']
cuchara (f)	**ske** (f)	['ske']
cuchara (f) de sopa	**spiseske** (f)	['spiːsə̩ske']
cucharilla (f)	**teske** (f)	['te'̩ske']
cuchillo (m)	**kniv** (f)	['kniw']
cuenta (f)	**regning** (f)	['ʁɑjneŋ]
dátil (m)	**daddel** (f)	['dað'əl]
de chocolate (adj)	**chokolade-**	[ɕoko'læːðə-]
desayuno (m)	**morgenmad** (f)	['mɒːɒn̩mað]
dieta (f)	**diæt** (f)	[di'ɛ't]
eneldo (m)	**dild** (f)	['dil']
ensalada (f)	**salat** (f)	[sa'læ't]
entremés (m)	**forret** (f)	['fɔːʁat]
espárrago (m)	**asparges** (f)	[a'spɒ's]
espagueti (m)	**spaghetti** (f)	[spa'gɛti]
especia (f)	**krydderi** (i)	[kʁyðʌ'ʁi']
espiga (f)	**aks** (i)	['ɑks]
espinaca (f)	**spinat** (f)	[spi'næ't]
esturión (m)	**stør** (f)	['stø'ɐ̯]
fletán (m)	**helleflynder** (f)	['hɛlə̩flønʌ]
fréjol (m)	**bønne** (f)	['bœnə]
frío (adj)	**kold**	['kʌl']
frambuesa (f)	**hindbær** (i)	['hen̩bæɐ̯]
fresa (f)	**jordbær** (i)	['joɐ̯̩bæɐ̯]
fresa (f) silvestre	**skovjordbær** (i)	['skɒw 'joɐ̯̩bæɐ̯]
frito (adj)	**stegt**	['stɛgt]
fruto (m)	**frugt** (f)	['fʁɔgt]

frutos (m pl)	frugter (f pl)	['fʁɔgtʌ]
gachas (f pl)	grød (f)	['gʁœð']
galletas (f pl)	småkager (f pl)	['smʌˌkæːjʌ]
gallina (f)	høne (f)	['hœːnə]
ganso (m)	gås (f)	['gɔ's]
gaseoso (adj)	med kulsyre	[mɛ 'bʁuʔs]
ginebra (f)	gin (f)	['djen]
gofre (m)	vaffel (f)	['vɑfəl]
granada (f)	granatæble (i)	[gʁɑ'næʔtˌɛːblə]
grano (m)	korn (i)	['koɐ̯'n]
grasas (f pl)	fedt (i)	['fet]
grosella (f) espinosa	stikkelsbær (i)	['stekəlsˌbæɡ]
grosella (f) negra	solbær (i)	['soːlˌbæɡ]
grosella (f) roja	ribs (i, f)	['ʁɛbs]
guarnición (f)	tilbehør (i)	['telbeˌhøʔɡ]
guinda (f)	kirsebær (i)	['kiɡsəˌbæɡ]
guisante (m)	ærter (f pl)	['æɡ'tʌ]
hígado (m)	lever (f)	['lewʔʌ]
habas (f pl)	bønner (f pl)	['bœnʌ]
hamburguesa (f)	hamburger (f)	['hæːmˌbœːgʌ]
harina (f)	mel (i)	['meʔl]
helado (m)	is (f)	['iʔs]
hielo (m)	is (f)	['iʔs]
higo (m)	figen (f)	['fiːən]
hoja (f) de laurel	laurbærblad (i)	['lɑwʌbæɡˌblɑð]
huevo (m)	æg (i)	['ɛʔg]
huevos (m pl)	æg (i pl)	['ɛʔg]
huevos (m pl) fritos	spejlæg (i)	['spɑjlˌɛʔg]
jamón (m)	skinke (f)	['skeŋkə]
jamón (m) fresco	skinke (f)	['skeŋkə]
jengibre (m)	ingefær (f)	['eŋəˌfæɡ]
jugo (m) de tomate	tomatjuice (f)	[to'mæːtˌdʒuːs]
kiwi (m)	kiwi (f)	['kiːvi]
langosta (f)	languster (f)	[lɑŋ'gustʌ]
leche (f)	mælk (f)	['mɛlʔk]
leche (f) condensada	kondenseret mælk (f)	[kʌndən'seʔʌð mɛlʔk]
lechuga (f)	salat (f)	[sa'læʔt]
legumbres (f pl)	grøntsager (pl)	['gʁœntˌsæʔjʌ]
lengua (f)	tunge (f)	['tʊŋə]
lenguado (m)	rødspætte (f)	['ʁøðˌspɛtə]
lenteja (f)	linse (f)	['lensə]
licor (m)	likør (f)	[li'køʔɡ]
limón (m)	citron (f)	[si'tʁoʔn]
limonada (f)	limonade (f)	[limo'næːðə]
loncha (f)	skive (f)	['skiːvə]
lucio (m)	gedde (f)	['geðə]
lucioperca (f)	sandart (f)	['sanˌɑʔt]
maíz (m)	majs (f)	['mɑjʔs]
maíz (m)	majs (f)	['mɑjʔs]
macarrones (m pl)	pasta (f)	['pasta]
mandarina (f)	mandarin (f)	[mandɑ'ʁiʔn]
mango (m)	mango (f)	['mɑŋgo]

mantequilla (f)	smør (i)	['smœɡ̊]
manzana (f)	æble (i)	['ɛˀblə]
margarina (f)	margarine (f)	[mɑɡɑˈʁi:nə]
marinado (adj)	syltet	['sylteð]
mariscos (m pl)	fisk og skaldyr	[fesk 'ɒw 'skaldyɐ̯ˀ]
matamoscas (m)	fluesvamp (f)	['flu:əˌsvɑmˀp]
mayonesa (f)	mayonnaise (f)	[mɑjoˈnɛ:s]
melón (m)	melon (f)	[me'lo'n]
melocotón (m)	fersken (f)	['fæɡ̊skən]
mermelada (f)	marmelade (f)	[mɑmə'læ:ðə]
miel (f)	honning (f)	['hʌnen̩]
miga (f)	krumme (f)	['kʁɔmə]
mijo (m)	hirse (f)	['hiɡ̊sə]
mini tarta (f)	kage (f)	['kæ:jə]
mondadientes (m)	tandstikker (f)	['tanˌstekʌ]
mostaza (f)	sennep (f)	['senʌp]
nabo (m)	majroe (f)	['mɑjˌʁo:ə]
naranja (f)	appelsin (f)	[apəl'si'n]
nata (f) agria	cremefraiche, syrnet fløde (f)	[kʁɛ:m'fʁɛ:ɕ], ['syɡ̊nəð 'flø:ðə]
nata (f) líquida	fløde (f)	['flø:ðə]
nuez (f)	valnød (f)	['valˌnøðˀ]
nuez (f) de coco	kokosnød (f)	['ko:kosˌnøðˀ]
olivas, aceitunas (f pl)	oliven (f pl)	[o'li'vən]
oronja (f) verde	grøn fluesvamp (f)	['ɡʁœn 'flu:əˌsvɑmˀp]
ostra (f)	østers (f)	['østʌs]
pan (m)	brød (i)	['bʁœðˀ]
papaya (f)	papaja (f)	[pa'pɑja]
paprika (f)	paprika (f)	['pɑpʁika]
pasas (f pl)	rosin (f)	[ʁo'si'n]
pasteles (m pl)	konditorvarer (f pl)	[kʌn'ditʌˌvɑ:ɑ]
paté (m)	pate, paté (f)	[pa'te]
patata (f)	kartoffel (f)	[kɑ'tʌfəl]
pato (m)	and (f)	['anˀ]
pava (f)	kalkun (f)	[kal'ku'n]
pedazo (m)	stykke (i)	['støkə]
pepino (m)	agurk (f)	[a'guɡ̊k]
pera (f)	pære (f)	['pɛˀʌ]
perca (f)	aborre (f)	['ɑˌbɒ:ɒ]
perejil (m)	persille (f)	[pæɡ̊'selə]
pescado (m)	fisk (f)	['fesk]
piña (f)	ananas (f)	['ananas]
piel (f)	skal, skræl (f)	['skalˀ], ['skʁalˀ]
pimienta (f) negra	sort peber (i, f)	['soɡ̊t 'pewʌ]
pimienta (f) roja	rød peber (i, f)	['ʁœðˀ 'pewʌ]
pimiento (m) dulce	peber (i, f)	['pewʌ]
pistachos (m pl)	pistacier (f pl)	[pi'stæ:ɕʌ]
pizza (f)	pizza (f)	['pidsa]
platillo (m)	underkop (f)	['ɔnʌˌkʌp]
plato (m)	ret (f)	['ʁat]
plato (m)	tallerken (f)	[ta'læɡ̊kən]
pomelo (m)	grapefrugt (f)	['ɡʁɛjpˌfʁɔgt]

porción (f)	portion (f)	[pɒˈɕoˀn]
postre (m)	dessert (f)	[deˈsɛɡˀt]
propina (f)	drikkepenge (pl)	[ˈdʁɛkəˌpɛŋə]
proteínas (f pl)	proteiner (i pl)	[pʁotəˈiˀnʌ]
pudin (m)	budding (f)	[ˈbuðeŋ]
puré (m) de patatas	kartoffelmos (f)	[kɑˈtʌfəlˌmɔs]
queso (m)	ost (f)	[ˈɔst]
rábano (m)	radiser (f pl)	[ʁɑˈdisə]
rábano (m) picante	peberrod (f)	[ˈpewʌˌʁoˀð]
rúsula (f)	skørhat (f)	[ˈskøɡˌhat]
rebozuelo (m)	kantarel (f)	[kantɑˈʁalˀ]
receta (f)	opskrift (f)	[ˈʌpˌskʁɛft]
refresco (m)	læskedrik (f)	[ˈlɛskəˌdʁɛk]
regusto (m)	bismag (f)	[ˈbismæˀj]
relleno (m)	fyld (i, f)	[ˈfylˀ]
remolacha (f)	rødbede (f)	[ˈʁœðˈbeːðə]
ron (m)	rom (f)	[ˈʁʌmˀ]
sésamo (m)	sesam (f)	[ˈseːsɑm]
sabor (m)	smag (f)	[ˈsmæˀj]
sabroso (adj)	lækker	[ˈlɛkʌ]
sacacorchos (m)	proptrækker (f)	[ˈpʁʌpˌtʁakʌ]
sal (f)	salt (i)	[ˈsalˀt]
salado (adj)	saltet	[ˈsaltəð]
salchichón (m)	pølse (f)	[ˈpølsə]
salchicha (f)	wienerpølse (f)	[ˈviˀnʌˌpølsə]
salmón (m)	laks (f)	[ˈlaks]
salmón (m) del Atlántico	atlantisk laks (f)	[atˈlanˀtisk ˈlaks]
salsa (f)	sovs, sauce (f)	[ˈsɒwˀs]
sandía (f)	vandmelon (f)	[ˈvan meˈloˀn]
sardina (f)	sardin (f)	[sɑˈdiˀn]
seco (adj)	tørret	[ˈtœɡʌð]
seta (f)	svamp (f)	[ˈsvɑmˀp]
seta (f) comestible	spiselig svamp (f)	[ˈspiːsəli ˈsvɑmˀp]
seta (f) venenosa	giftig svamp (f)	[ˈgifti svɑmˀp]
seta calabaza (f)	karljohan-rørhat (f)	[ˌkɑːljoˈhan ˈʁœˀɡhat]
siluro (m)	malle (f)	[ˈmalə]
sin alcohol	alkoholfri	[ˈalkohʌlˌfʁiˀ]
sin gas	uden brus	[ˈuðən ˈbʁuˀs]
sopa (f)	suppe (f)	[ˈsɔpə]
soya (f)	soja (f)	[ˈsʌja]
té (m)	te (f)	[ˈteˀ]
té (m) negro	sort te (f)	[ˈsoɡt ˌteˀ]
té (m) verde	grøn te (f)	[ˈgʁœnˀ ˌteˀ]
tallarines (m pl)	nudler (f pl)	[ˈnuðˀlʌ]
tarta (f)	lagkage (f)	[ˈlawˌkæːjə]
tarta (f)	pie (f)	[ˈpɑːj]
taza (f)	kop (f)	[ˈkʌp]
tenedor (m)	gaffel (f)	[ˈgafəl]
tiburón (m)	haj (f)	[ˈhɑjˀ]
tomate (m)	tomat (f)	[toˈmæˀt]
tortilla (f) francesa	omelet (f)	[oməˈlet]
trigo (m)	hvede (f)	[ˈveːðə]

trucha (f)	ørred (f)	['œɐ̯ʌð]
uva (f)	drue (f)	['dʁuːə]
vaso (m)	glas (i)	['glas]
vegetariano (adj)	vegetarisk	[vegə'tɑ'isk]
vegetariano (m)	vegetar, vegetarianer (f)	[vegə'tɑ'], [vegətɑi'æ'nʌ]
verduras (f pl)	grønt (i)	['gʁœn't]
vermú (m)	vermouth (f)	['væɐ̯mut]
vinagre (m)	eddike (f)	['ɛðikə]
vino (m)	vin (f)	['vi'n]
vino (m) blanco	hvidvin (f)	['við‚vi'n]
vino (m) tinto	rødvin (f)	['ʁœð‚vi'n]
vitamina (f)	vitamin (i)	[vita'mi'n]
vodka (m)	vodka (f)	['vʌdka]
whisky (m)	whisky (f)	['wiski]
yema (f)	blomme (f)	['blʌmə]
yogur (m)	yoghurt (f)	['jo‚guɐ̯'t]
zanahoria (f)	gulerod (f)	['gulə‚ʁo'ð]
zarzamoras (f pl)	brombær (i)	['bʁɔm‚bæɐ̯]
zumo (m) de naranja	appelsinjuice (f)	[apəl'si'n 'dʒuːs]
zumo (m) fresco	friskpresset juice (f)	['fʁɛsk‚pʁasəð 'dʒuːs]
zumo (m), jugo (m)	juice (f)	['dʒuːs]

ål (f)	['ɔˀl]	anguila (f)
æble (i)	['ɛˀblə]	manzana (f)
æg (i pl)	['ɛˀg]	huevos (m pl)
æg (i)	['ɛˀg]	huevo (m)
ærter (f pl)	['æɡ̊ˀtʌ]	guisante (m)
øl (i)	['øl]	cerveza (f)
ørred (f)	['œɡ̊ʌð]	trucha (f)
østers (f)	['østʌs]	ostra (f)
aborre (f)	['ɑˌbɒːɒ]	perca (f)
abrikos (f)	[abʁi'koˀs]	albaricoque (m)
aftensmad (f)	['ɑftənsˌmað]	cena (f)
agurk (f)	[a'guɡ̊k]	pepino (m)
aks (i)	['ɑks]	espiga (f)
alkoholfri	['ɑlkohʌlˌfʁiˀ]	sin alcohol
alkoholfri drik (f)	['ɑlkohʌlˌfʁiˀ 'dʁɛk]	bebida (f) sin alcohol
alkoholiske drikke (f pl)	[alko'hoˀliskə 'dʁɛkə]	bebidas (f pl) alcohólicas
ananas (f)	['ananas]	piña (f)
and (f)	['anˀ]	pato (m)
anis (f)	['anis]	anís (m)
aperitif (f)	[apeɡ̊i'tif]	aperitivo (m)
appelsin (f)	[ɑpəl'siˀn]	naranja (f)
appelsinjuice (f)	[ɑpəl'siˀn 'dʒuːs]	zumo (m) de naranja
appetit (f)	[ɑpə'tit]	apetito (m)
artiskok (f)	[ˌɑːti'skʌk]	alcachofa (f)
asparges (f)	[a'spɑˀs]	espárrago (m)
atlantisk laks (f)	[at'lanˀtisk 'lɑks]	salmón (m) del Atlántico
aubergine (f)	[obæɡ̊'ɕiːn]	berenjena (f)
avokado (f)	[avo'kæːdo]	aguacate (m)
bær (i pl)	['bæɡ̊]	bayas (f pl)
bær (i)	['bæɡ̊]	baya (f)
bøf (f)	['bøf]	bistec (m)
bønne (f)	['bœnə]	fréjol (m)
bønner (f pl)	['bœnʌ]	habas (f pl)
bacon (i, f)	['bɛjkʌn]	beicon (m)
banan (f)	[ba'næˀn]	banana (f)
bar (f)	['bɑˀ]	bar (m)
bartender (f)	['bɑːˌtɛndʌ]	barman (m)
basilikum (f)	[ba'silˀikɔm]	albahaca (f)
bismag (f)	['bismæˀj]	regusto (m)
bitter	['betʌ]	amargo (adj)
blåbær (i)	['blɔˀˌbæɡ̊]	arándano (m)
blæksprutte (f)	['blɛkˌspʁutə]	calamar (m)
blomkål (f)	['blʌmˌkɔˀl]	coliflor (f)
blomme (f)	['blʌmə]	yema (f)

blomme (f)	['blʌmə]	ciruela (f)
boghvede (f)	['bɔwˌveːðə]	alforfón (m)
bouillon (f)	[bul'jʌŋ]	caldo (m)
brød (i)	['bʁœð']	pan (m)
brasen (f)	['bʁɑ'sən]	brema (f)
broccoli (f)	['bʁʌkoli]	brócoli (m)
brombær (i)	['bʁɔmˌbæɡ]	zarzamoras (f pl)
budding (f)	['buðeŋ]	pudin (m)
byg (f)	['byg]	cebada (f)
cappuccino (f)	[kɑpu'tjiːno]	capuchino (m)
champagne (f)	[ɕɑm'panjə]	champaña (f)
chokolade (f)	[ɕoko'læːðə]	chocolate (m)
chokolade-	[ɕoko'læːðə-]	de chocolate (adj)
citron (f)	[si'tʁo'n]	limón (m)
cocktail (f)	['kʌkˌtɛjl]	cóctel (m)
cognac, konjak (f)	['kʌn'jag]	coñac (m)
cornflakes (pl)	['kɔɛnˌflɛks]	copos (m pl) de maíz
creme (f)	['kʁɛ'm]	crema (f) de mantequilla
cremefraiche,	[kʁɛːm'fʁɛːɕ],	nata (f) agria
synet fløde (f)	['syɡneð 'fløːðə]	
dåseåbner (f)	['dɔːsəˌɔːbnʌ]	abrelatas (m)
daddel (f)	['dɑð'əl]	dátil (m)
dessert (f)	[de'sɛɡ't]	postre (m)
diæt (f)	[di'ɛ't]	dieta (f)
dild (f)	['dil']	eneldo (m)
drikkepenge (pl)	['dʁɛkəˌpɛŋə]	propina (f)
drikkevand (i)	['dʁɛkəˌvan']	agua (f) potable
drue (f)	['dʁuːə]	uva (f)
eddike (f)	['ɛðikə]	vinagre (m)
fedt (i)	['fet]	grasas (f pl)
fersken (f)	['fæɡskən]	melocotón (m)
figen (f)	['fiːən]	higo (m)
fisk (f)	['fesk]	pescado (m)
fisk og skaldyr	[fesk 'ɔw 'skaldyɡ']	mariscos (m pl)
flæsk (i)	['flɛsk]	carne (f) de cerdo
fløde (f)	['fløːðə]	nata (f) líquida
fluesvamp (f)	['fluːəˌsvɑm'p]	matamoscas (m)
forret (f)	['fɔːʁat]	entremés (m)
friskpresset juice (f)	['fʁɛskˌpʁasəð 'dʒuːs]	zumo (m) fresco
frokost (f)	['fʁɔkʌst]	almuerzo (m)
frossen	['fʁɔsən]	congelado (adj)
frugt (f)	['fʁɔgt]	fruto (m)
frugter (f pl)	['fʁɔgtʌ]	frutos (m pl)
fyld (i, f)	['fyl']	relleno (m)
gås (f)	['gɔ's]	ganso (m)
gaffel (f)	['gɑfəl]	tenedor (m)
galde rørhat (f)	['gɑlə ˌʁœ'ɡhat]	boleto (m) áspero
gedde (f)	['geðə]	lucio (m)
giftig svamp (f)	['gifti svɑm'p]	seta (f) venenosa
gin (f)	['djen]	ginebra (f)
glas (i)	['glas]	vaso (m)
græskar (i)	['gʁaskɑ]	calabaza (f)

grød (f)	['gʁœð']	gachas (f pl)
grøn fluesvamp (f)	['gʁœn 'fluːəˌsvɑmˀp]	oronja (f) verde
grøn te (f)	['gʁœnˀ ˌteˀ]	té (m) verde
grønt (i)	['gʁœnˀt]	verduras (f pl)
grøntsager (pl)	['gʁœntˌsæˀjʌ]	legumbres (f pl)
granatæble (i)	[gʁɑ'næˀtˌɛːblə]	granada (f)
grapefrugt (f)	['gʁɛjpˌfʁɔgt]	pomelo (m)
gryn (i)	['gʁyˀn]	cereales (m pl) integrales
gulerod (f)	['guləˌʁoˀð]	zanahoria (f)
høne (f)	['hœːnə]	gallina (f)
haj (f)	['hɑjˀ]	tiburón (m)
hamburger (f)	['hæːmˌbœːgʌ]	hamburguesa (f)
hasselnød (f)	['hɑsəlˌnøð']	avellana (f)
havre (f)	['hɑwʁʌ]	avena (f)
hed, varm	['heð'], ['vɑˀm]	caliente (adj)
helleflynder (f)	['hɛləˌflønʌ]	fletán (m)
hindbær (i)	['henˌbæg]	frambuesa (f)
hirse (f)	['hiɡsə]	mijo (m)
honning (f)	['hʌneŋ]	miel (f)
hvede (f)	['veːðə]	trigo (m)
hvide (f)	['viːðə]	clara (f)
hvidløg (i)	['viðˌlʌjˀ]	ajo (m)
hvidvin (f)	['viðˌviˀn]	vino (m) blanco
ingefær (f)	['eŋəˌfæg]	jengibre (m)
is (f)	['iˀs]	hielo (m)
is (f)	['iˀs]	helado (m)
jordbær (i)	['jog̊ˌbæg]	fresa (f)
jordnød (f)	['jog̊ˌnøð']	cacahuete (m)
juice (f)	['dʒuːs]	zumo (m), jugo (m)
kål (f)	['kɔˀl]	col (f)
kød (f)	['køð]	carne (f)
kødfars (f)	['køðˌfaˀs]	carne (f) picada
køkken (i)	['køkən]	cocina (f)
kaffe (f)	['kɑfə]	café (m)
kaffe (f) med mælk	['kɑfə mɛ 'mɛlˀk]	café (m) con leche
kage (f)	['kæːjə]	mini tarta (f)
kalkun (f)	[kal'kuˀn]	pava (f)
kalorie (f)	[ka'loɡˀjə]	caloría (f)
kalvekød (i)	['kalvəˌkøð]	carne (f) de ternera
kanel (i, f)	[ka'neˀl]	canela (f)
kanin (f)	[ka'niˀn]	conejo (m)
kantarel (f)	[kantɑ'ʁalˀ]	rebozuelo (m)
karljohan-rørhat (f)	[ˌkɑːljo'han 'ʁœˀg̊hat]	seta calabaza (f)
karpe (f)	['kɑːpə]	carpa (f)
kartoffel (f)	[kɑ'tʌfəl]	patata (f)
kartoffelmos (f)	[kɑ'tʌfəlˌmɔs]	puré (m) de patatas
kaviar (f)	['kaviˌɑˀ]	caviar (m)
kirsebær (i)	['kiɡsəˌbæg]	guinda (f)
kiwi (f)	['kiːvi]	kiwi (m)
kniv (f)	['kniwˀ]	cuchillo (m)
kogt	['kʌgt]	cocido en agua (adj)
kokosnød (f)	['koːkosˌnøð']	nuez (f) de coco

kold	['kʌlˀ]	frío (adj)
kommen (f)	['kʌmən]	comino (m)
kondenseret mælk (f)	[kʌndən'seˀʌð mɛlˀk]	leche (f) condensada
konditorvarer (f pl)	[kʌn'ditʌˌvɑːɑ]	pasteles (m pl)
konfekt, karamel (f)	[kɔn'fɛkt], [kɑɑ'mɛlˀ]	caramelo (m)
konserves (f)	[kɔn'sæɡvəs]	conservas (f pl)
kop (f)	['kʌp]	taza (f)
koriander (f)	[kɒi'an'dʌ]	cilantro (m)
korn (i)	['koɡˀn]	grano (m)
kornsorter (f pl)	['koɡnˌsɒːtʌ]	cereales (m pl)
krabbe (f)	['kʁabə]	cangrejo (m) de mar
krebsdyr (i pl)	['kʁabsˌdyɡˀ]	crustáceos (m pl)
krumme (f)	['kʁɔmə]	miga (f)
krydderi (i)	[kʁyðʌ'ʁiˀ]	condimento (m)
krydderi (i)	[kʁyðʌ'ʁiˀ]	especia (f)
kulhydrater (i pl)	['kɔlhyˌdʁɑˀdʌ]	carbohidratos (m pl)
lækker	['lɛkʌ]	sabroso (adj)
læskedrik (f)	['lɛskəˌdʁɛk]	refresco (m)
løg (i)	['lʌjˀ]	cebolla (f)
lagkage (f)	['lawˌkæːjə]	tarta (f)
laks (f)	['lɑks]	salmón (m)
lammekød (i)	['lɑməˌkøð]	carne (f) de carnero
languster (f)	[lɑŋ'gustʌ]	langosta (f)
laurbærblad (i)	['lɑwʌbæɡˌblɑð]	hoja (f) de laurel
lever (f)	['lewˀʌ]	hígado (m)
likør (f)	[li'køˀɡ]	licor (m)
limonade (f)	[limo'næːðə]	limonada (f)
linse (f)	['lensə]	lenteja (f)
lyst øl (i)	['lyst ˌøl]	cerveza (f) rubia
mælk (f)	['mɛlˀk]	leche (f)
mørkt øl (i)	['mœɡkt ˌøl]	cerveza (f) negra
mad (f)	['mɑð]	comida (f)
majroe (f)	['mɑjˌʁoːə]	nabo (m)
majs (f)	['mɑjˀs]	maíz (m)
majs (f)	['mɑjˀs]	maíz (m)
makrel (f)	[mɑ'kʁalˀ]	caballa (f)
malle (f)	['malə]	siluro (m)
mandarin (f)	[mandɑ'ʁiˀn]	mandarina (f)
mandel (f)	['manˀəl]	almendra (f)
mango (f)	['mɑŋgo]	mango (m)
margarine (f)	[mɑgɑ'ʁiːnə]	margarina (f)
marmelade (f)	[mɑməˈlæːðə]	mermelada (f)
mayonnaise (f)	[mɑjo'nɛːs]	mayonesa (f)
med brus	[mɛ 'bʁuˀs]	con gas
med is	[mɛ 'iˀs]	con hielo
med kulsyre	[mɛ 'bʁuˀs]	gaseoso (adj)
mel (i)	['meˀl]	harina (f)
melon (f)	[me'loˀn]	melón (m)
menu (f)	[me'ny]	carta (f), menú (m)
milkshake (f)	['milkˌɕɛjk]	batido (m)
mineralvand (i)	[minə'ʁalˌvanˀ]	agua (f) mineral
morel (f)	[mo'ʁalˀ]	cereza (f)

morgenmad (f)	['mɔːɒnˌmað]	desayuno (m)
morkel (f)	['mɔːkəl]	colmenilla (f)
nellike (f)	['nel'ekə]	clavo (m)
nudler (f pl)	['nuðˀlʌ]	tallarines (m pl)
oksekød (i)	['ʌksəˌkøð]	carne (f) de vaca
oliven (f pl)	[o'liˀvən]	olivas, aceitunas (f pl)
olivenolie (f)	[o'liˀvənˌoljə]	aceite (m) de oliva
omelet (f)	[omə'lɛt]	tortilla (f) francesa
oplukker (f)	['ʌpˌlɔkʌ]	abrebotellas (m)
opskrift (f)	['ʌpˌskʁɛft]	receta (f)
ost (f)	['ɔst]	queso (m)
pære (f)	['pɛˀʌ]	pera (f)
pølse (f)	['pølsə]	salchichón (m)
papaja (f)	[pa'paja]	papaya (f)
paprika (f)	['papʁika]	paprika (f)
pasta (f)	['pasta]	macarrones (m pl)
pate, paté (f)	[pa'te]	paté (m)
peber (i, f)	['pewʌ]	pimiento (m) dulce
peberrod (f)	['pewʌˌʁoˀð]	rábano (m) picante
persille (f)	[pæɡ'selə]	perejil (m)
pie (f)	['pɑːj]	tarta (f)
pistacier (f pl)	[pi'stæːɕʌ]	pistachos (m pl)
pizza (f)	['pidsa]	pizza (f)
portion (f)	[pɒ'ɕoˀn]	porción (f)
proptrækker (f)	['pʁʌpˌtʁakʌ]	sacacorchos (m)
proteiner (i pl)	[pʁotə'iˀnʌ]	proteínas (f pl)
pulverkaffe (f)	['pɔlvʌˌkafə]	café (m) soluble
rød peber (i, f)	['ʁœð 'pewʌ]	pimienta (f) roja
rødbede (f)	[ʁœð'beːðə]	remolacha (f)
rødspætte (f)	['ʁœðˌspɛtə]	lenguado (m)
rødvin (f)	['ʁœðˌviˀn]	vino (m) tinto
røget	['ʁʌjəð]	ahumado (adj)
radiser (f pl)	[ʁɑ'disə]	rábano (m)
regning (f)	['ʁɑjnen]	cuenta (f)
reje (f)	['ʁɑjə]	camarón (m)
ret (f)	['ʁat]	plato (m)
ribs (i, f)	['ʁɛbs]	grosella (f) roja
ris (f)	['ʁiˀs]	arroz (m)
rom (f)	['ʁʌmˀ]	ron (m)
rosenkål (f)	['ʁoːsənˌkɔˀl]	col (f) de Bruselas
rosin (f)	[ʁo'siˀn]	pasas (f pl)
rug (f)	['ʁuˀ]	centeno (m)
sød	['søðˀ]	azucarado, dulce (adj)
safran (i, f)	[sa'fʁɑˀn]	azafrán (m)
salat (f)	[sa'læˀt]	lechuga (f)
salat (f)	[sa'læˀt]	ensalada (f)
salt (i)	['salˀt]	sal (f)
saltet	['saltəð]	salado (adj)
sandart (f)	['sanˌɑˀt]	lucioperca (f)
sardin (f)	[sɑ'diˀn]	sardina (f)
selleri (f)	['selʌˌʁiˀ]	apio (m)
sennep (f)	['senʌp]	mostaza (f)

servitrice (f)	[sæɐ̯viˈtɪsi:sə]	camarera (f)
sesam (f)	[ˈse:sɑm]	sésamo (m)
sild (f)	[ˈsilˀ]	arenque (m)
skælstokket rørhat (f)	[ˈskɛlˌstʌkəð ˈʁɶˀɡhat]	boleto (m) castaño
skørhat (f)	[ˈskøɡˌhat]	rúsula (f)
skal, skræl (f)	[ˈskalˀ], [ˈskʁalˀ]	piel (f)
ske (f)	[ˈskeˀ]	cuchara (f)
skinke (f)	[ˈskeŋkə]	jamón (m)
skinke (f)	[ˈskeŋkə]	jamón (m) fresco
skive (f)	[ˈski:və]	loncha (f)
skovjordbær (i)	[ˈskɒw ˈjoɡˌbæɡ]	fresa (f) silvestre
småkager (f pl)	[ˈsmʌˌkæ:jʌ]	galletas (f pl)
smør (i)	[ˈsmœɡ]	mantequilla (f)
smørrebrød (i)	[ˈsmœɡʌˌbʁœðˀ]	bocadillo (m)
smag (f)	[ˈsmæˀj]	sabor (m)
soja (f)	[ˈsʌja]	soya (f)
solbær (i)	[ˈso:lˌbæɡ]	grosella (f) negra
solsikkeolie (f)	[ˈso:lˌsekə ˌoljə]	aceite (m) de girasol
sort kaffe (f)	[ˈsoɡt ˈkɑfə]	café (m) solo
sort peber (i. f)	[ˈsoɡt ˈpewʌ]	pimienta (f) negra
sort te (f)	[ˈsoɡt ˌteˀ]	té (m) negro
sovs, sauce (f)	[ˈsɒwˀs]	salsa (f)
spaghetti (f)	[spaˈgɛti]	espagueti (m)
spejlæg (i)	[ˈspɑjlˌɛˀg]	huevos (m pl) fritos
spinat (f)	[spiˈnæˀt]	espinaca (f)
spiselig svamp (f)	[ˈspi:səli ˈsvɑmˀp]	seta (f) comestible
spiseske (f)	[ˈspi:səˌskeˀ]	cuchara (f) de sopa
squash, zucchini (f)	[ˈsgwʌɕ], [suˈki:ni]	calabacín (m)
stør (f)	[ˈstøˀɡ]	esturión (m)
stegt	[ˈstɛgt]	frito (adj)
stikkelsbær (i)	[ˈstekəlsˌbæɡ]	grosella (f) espinosa
stykke (i)	[ˈstøkə]	pedazo (m)
sukker (i)	[ˈsɔkʌ]	azúcar (m)
suppe (f)	[ˈsɔpə]	sopa (f)
svamp (f)	[ˈsvɑmˀp]	seta (f)
syltet	[ˈsyltəð]	marinado (adj)
syltetøj (i)	[ˈsyltəˌtʌj]	confitura (f)
syltetøj (i)	[ˈsyltəˌtʌj]	confitura (f)
tørret	[ˈtɶɡʌð]	seco (adj)
tallerken (f)	[taˈlæɡkən]	plato (m)
tandstikker (f)	[ˈtanˌstekʌ]	mondadientes (m)
te (f)	[ˈteˀ]	té (m)
teske (f)	[ˈteˀˌskeˀ]	cucharilla (f)
tilbehør (i)	[ˈtelbeˌhøˀɡ]	guarnición (f)
tjener (f)	[ˈtjɛːnʌ]	camarero (m)
tomat (f)	[toˈmæˀt]	tomate (m)
tomatjuice (f)	[toˈmæːtˌdʒu:s]	jugo (m) de tomate
torsk (f)	[ˈtɒːsk]	bacalao (m)
tranebær (i)	[ˈtʁɑːnəˌbæɡ]	arándano (m) agrio
tunfisk (f)	[ˈtuːnˌfesk]	atún (m)
tunge (f)	[ˈtɔŋə]	lengua (f)
tyggegummi (i)	[ˈtygəˌgomi]	chicle (m)

tyttebær (i)	['tytə͵bæɐ̯]	arándano (m) rojo
uden brus	['uðən 'bʁuˀs]	sin gas
underkop (f)	['ɔnʌ͵kʌp]	platillo (m)
vaffel (f)	['vɑfəl]	gofre (m)
valnød (f)	['val͵nøðˀ]	nuez (f)
vand (i)	['vanˀ]	agua (f)
vandmelon (f)	['van me'loˀn]	sandía (f)
vegetabilsk olie (f)	[vegəta'biˀlsk 'oljə]	aceite (m) vegetal
vegetar, vegetarianer (f)	[vegə'tɑˀ], [vegətɑi'æˀnʌ]	vegetariano (m)
vegetarisk	[vegə'tɑˀisk]	vegetariano (adj)
Velbekomme!	['vɛlbə'kʌmˀə]	¡Que aproveche!
vermouth (f)	['væɐ̯mut]	vermú (m)
vildt (i)	['vilˀt]	caza (f) menor
vin (f)	['viˀn]	vino (m)
vinglas (i)	['viːn͵glas]	copa (f) de vino
vinkort (i)	['viːn͵kɒːt]	carta (f) de vinos
vitamin (i)	[vita'miˀn]	vitamina (f)
vodka (f)	['vʌdka]	vodka (m)
whisky (f)	['wiski]	whisky (m)
wienerpølse (f)	['viˀnʌ͵pølsə]	salchicha (f)
yoghurt (f)	['jo͵guɐ̯ˀt]	yogur (m)